한일협정 50년사의 재조명 II
− 한일협정체제와 '식민지'책임의 재조명 −

한일협정 50년사의 재조명 II

– 한일협정체제와 '식민지' 책임의 재조명 –

도시환 외 지음

동북아역사재단
NORTHEAST ASIAN HISTORY FOUNDATION

• 발간사

  21세기의 한일 양국은 상호 이해와 교류·협력을 통한 진정한 평화와 번영의 동아시아 시대를 함께 만들어가야 합니다. 그런데도 일본의 한국 강제병합으로 야기되고, 1965년 한일협정에서 기인하는 역사갈등은 새로운 한일관계의 설정에 적지 않는 장애물로 작용하고 있는 것이 엄연한 현실입니다.

  이에 우리 재단은 동북아역사 전문연구기관으로서 지난 수년간에 걸쳐 '1910년 한일강제병합의 역사와 남겨진 현안과제'에 대한 재조명을 통해 지혜를 모으고 그 해법을 모색하는 중심축이 되어 국제 공동연구와 학술회의를 성공적으로 수행해 왔습니다.

  2009년에는 '1910년 한일병합의 국제법적 효력'에 대한 재조명을 통해 역사적 정의에 입각한 학술적 아젠다를 선도적으로 제시함으로써, 2010년 한일 지식인 1,118명이 천명한 '1910년 한일병합조약은 원천무효'라는 공동성명을 견인해 내었습니다.

  아울러, 한일강제병합 100년이 되던 2010년에는 33인의 세계적인 석학이 참여한 가운데 국제 공동연구와 대규모 학술회의 개최를 통해 국제사회의 공감대를 형성하고 확산하였습니다.

  2011년부터는 역사적 후속작업이자 남겨진 현안과제로서 2015년 한일협정 체결 50년에 대비하여 '한일협정의 국제법적 문제점에 대한 재조명'이라는 주제를 시작으로 한일협정 50년사를 재조명하고 있으며, 그 결과를 정리한 첫 번째 기획연구서인 『한일협정 50년사의 재조명 Ⅰ』을 발간한 바 있습니다.

그러한 가운데에 주지하는 바와 같이 2011년 8월 30일 대한민국 헌법재판소와 2012년 5월 24일 대한민국 대법원은 한일 양국 간의 과거사와 관련하여 재단이 지난 수년간 주도적인 연구수행을 통해 재검토해 온 내용들과 관련하여 주목할 만한 역사적인 판결을 내렸습니다.

이 책은 그러한 한일협정 50년사를 재조명하는 두 번째 기획연구서로서, 「한일협정체제와 '식민지' 책임의 재조명」을 주제로 한 국제공동연구를 통해 한일 간 역사갈등의 본질을 규명하고 그에 대한 극복방안의 검토뿐만 아니라 미래지향적인 전망을 모색하고 있습니다.

따라서 '식민지' 책임과 관련한 한일조약체제의 문제점에 대한 규명을 비롯하여 주요 국제사례를 통한 해결방안의 검토, 한일 간 현안과제로서의 일본군 '위안부'와 독도 문제 등에 대해 여러 각도에서 넓고 깊게 재조명한 이번 연구성과를 통해 한일 간 올바른 역사인식의 공유에서 나아가 진정한 역사화해의 토대가 구축되기를 기대합니다.

끝으로 『한일협정 50년사의 재조명 Ⅱ』가 나오기까지 어려운 주제에 대해 옥고를 집필해 주신 전문가 여러분의 노고에 깊이 감사드립니다. 그리고 이 책의 기획에서 출간까지 애써 주신 도시환 연구위원과 출판 관계자의 노고를 치하합니다.

2012년 12월 3일

동북아역사재단 이사장 김학준

| 차례 |

- 두 개의 강화조약에서의 식민지주의와 한일 '청구권' 오타 오사무
  - Ⅰ. 머리말 11
  - Ⅱ. 두 개의 강화조약과 식민지 문제 12
    - 1 _ 이탈리아 강화조약과 구식민지 처리 문제 12
    - 2 _ 샌프란시스코 강화조약과 구식민지 처리 문제 17
  - Ⅲ. 일본의 식민지 지배 인식과 강화조약 제4조의 '청구권' 24
    - 1 _ 일본의 식민지 지배 인식 24
    - 2 _ 샌프란시스코 강화조약 제4조의 '청구권' 29
  - Ⅳ. 맺음말 32

- 한일조약체제와 '식민지' 책임의 국제법적 재조명 도시환
  - Ⅰ. 머리말 41
  - Ⅱ. '식민지' 책임의 관점에서 본 한일조약체제 44
    - 1 _ 1910년 한일병합조약체제와 '식민지' 책임 44
    - 2 _ 1951년 대일강화조약체제와 '식민지' 책임 50
    - 3 _ 1965년 한일협정체제와 '식민지' 책임 58
  - Ⅲ. 2010년 한일지식인 공동성명과 '식민지' 책임 판결체제 66
    - 1 _ 2010년 한일지식인 '한일병합조약 원천무효' 공동성명 66
    - 2 _ 2011년 헌법재판소의 부작위위헌 결정 68
    - 3 _ 2012년 대법원 강제징용피해 배상 판결 69
  - Ⅳ. 맺음말 72

- 리비아·이탈리아 '식민지' 손해배상책임 사례의 국제법적 검토 이장희

    Ⅰ. 머리말 81
    Ⅱ. 리비아·이탈리아 식민지 역사, 외교정책 개관 84
      1 _ 리비아·이탈리아 식민지 역사 개관 84
      2 _ 리비아 외교정책 개관 91
    Ⅲ. 리비아·이탈리아 식민지 손해배상 '우호협력조약'의 체결배경 97
      1 _ 리비아·이탈리아 '우호협력조약' 체결에 영향을 준 국제 시스템 변화의 배경 97
      2 _ 리비아·이탈리아 양국관계의 발전 배경 100
    Ⅳ. 리비아·이탈리아 식민지 손해배상 '우호협력조약'의 내용 103
      1 _ 벵가지조약의 목적 103
      2 _ 벵가지조약의 형식적 틀 104
      3 _ 벵가지조약의 내용 분석 105
    Ⅴ. 리비아·이탈리아 식민지 손해배상 '우호협력조약'에 대한 국제법적 검토 117
    Ⅵ. 맺음말 122

- 현대사 속의 '식민지책임' 나가하라 요코
  – 아프리카 식민지를 중심으로

    Ⅰ. 머리말 129
    Ⅱ. '식민지책임'론의 탄생 130
      1 _ 전쟁책임론과 '인도에 반하는 범죄' 130
      2 _ 합중국의 '흑인에 대한 보상', 선주민의 권리 회복 132
      3 _ 제노사이드 연구의 진전 133
      4 _ 남아프리카 진실화해위원회의 경험 134
    Ⅲ. '식민지책임'을 묻는 아프리카로부터의 움직임 135
      1 _ 케냐의 전 마우마우 투사들의 보상청구 소송 135
      2 _ 나미비아의 헤레로·나마 등의 보상 요구 141
    Ⅳ. 맺음말 144

- '식민지책임'의 청산과 일본군'위안부' 문제 　김창록

　Ⅰ. 머리말　　153
　Ⅱ. 법적 노력 개관　　154
　　1 _ 문제의 제기와 국제사회의 호응　　154
　　2 _ 일본과 한국 정부의 초기 대응　　157
　　3 _ 일본에서의 소송　　161
　　4 _ 소송의 확산과 종결　　163
　　5 _ 한국 정부의 태도 변화와 새로운 가능성　　167
　　6 _ 일본군'위안부' 헌법소원　　169
　Ⅲ. 2012년 5월 24일 대법원 판결　　171
　　1 _ 개관　　171
　　2 _ 소멸시효 항변 배척　　172
　　3 _ '청구권협정'에 의한 해결 항변 배척　　174
　　4 _ '식민지책임'의 전면적 확인　　177
　Ⅳ. 맺음말　　180

영토문제와 '식민지' 책임의 관점에서 본 독도 　박배근

　Ⅰ. 머리말　　189
　Ⅱ. '식민지' 책임　　190
　　1 _ '식민지'의 개념　　190
　　2 _ '식민지' 책임의 개념　　193
　Ⅲ. '식민지' 지배와 영토문제　　195
　Ⅳ. 독도 문제와 일본의 '식민지' 책임　　197
　　1 _ 영토문제로서의 독도 문제　　197
　　2 _ 일본의 '식민지' 책임과 독도 문제　　199

찾아보기　　204

두 개의 강화조약에서의
식민지주의와 한일 '청구권'

도시샤대학 교수 **오타 오사무**

두 개의 강화조약에서의 식민지주의와 한일 '청구권'*

도시샤대학 교수 **오타 오사무[太田修]**

I. 머리말

일본국과 대한민국 간의 국교정상화 교섭(이하, 한일교섭으로 줄임)의 역사에 대해서는 지금까지 많은 논자들이 식민지 지배 처리의 관점에서 검토해 왔다.[1] 대체로 그러한 선행 연구를 통해서 1965년에 체결된 한일조약이 식민지 지배를 청산하는 것이 아니었다는 점이 밝혀졌다. 그러나 어떠한 경위에서, 왜 식민지 지배가 청산되지 않은 것인가에 대해서는 선행 연구에서 충분히 규명되

---

* 본고는 졸고 「二つの講和條約と初期日韓交涉における植民地主義」(李鍾元·木宮正史·淺野豊美 編(2011), 『歷史としての日韓國交正常化Ⅱ-脫植民地化編』, 法政大學出版局)의 일부를 가필, 수정한 것이다.

1) '식민지 지배 책임의 추궁'이라는 입장의 연구에 대해서는 吉澤文壽(2006. 4), 「日韓會談硏究の現狀と課題」(『歷史學硏究』 813)를 참조. 한일협상과 식민지 지배의 청산에 대해서 논한 연구로 吉澤文壽(2006. 9), 「植民地支配の'淸算'とは何か-朝鮮を事例として」(『歷史評論』 677); 太田修(2008), 「財産請求權問題の再考-脫植民地主義の視角から」(笹川紀勝·李泰鎭 編, 『國際共同硏究 韓國倂合と現代-歷史と國際法からの再檢討』, 明石書店) 등이 있다.

었다고 할 수 없다. 이 글에서는 그러한 점에 대해서 1950년 전후의 세계사를 시야에 넣으면서 생각해 보고자 한다.

구체적으로는 우선 제2차 세계대전 후 두 개의 강화조약, 즉 전후 최초의 강화조약으로 샌프란시스코 강화조약의 배경이 된 이탈리아 강화조약과, 한일교섭을 규정하게 된 샌프란시스코 강화조약을 살펴보고자 한다. 두 개의 강화조약에서의 식민지 지배 인식 및 처리 과정을 검토하고,[2] 그것이 일본정부의 식민지 지배 인식, 특히 샌프란시스코 강화조약 제4조에 있는 '청구권' 인식으로 어떻게 이어졌는가에 대해 밝히고자 한다. 즉, 한일교섭의 세계사적 배경으로서 구미 여러 나라의 식민지 지배 인식과 일본의 식민지 지배 인식의 관계성을 고찰하는 것이 이 글의 과제다.

II. 두 개의 강화조약과 식민지 문제

1. 이탈리아 강화조약과 구식민지 처리 문제

이탈리아 강화조약은 1947년 2월 10일 파리에서 이탈리아와 연합국 20개국 사이에 체결되었다. 강화조약은 전문(前文)과 본문 11편, 17개 부속서(付屬書)로 이루어져 있다.[3] 우선, 전문에는 "파시스트 체제하의 이탈리아는 독일 및

---

[2] 이탈리아 강화조약에 대해서는 佐々木隆爾(1993. 4),「いまこそ日韓條約の見直しを」(『世界』, 121쪽); 海野福壽(2000),『韓國倂合史の研究』(岩波書店, 12~13쪽), 샌프란시스코 강화조약에 대해서는 金民樹(2000. 12),「對日講和條約と韓國參加問題」(東京大學大學院總合文化硏究科, 12~13쪽); 太田修(2003),『日韓交渉-請求權問題の研究』(クレイン, 78쪽)가 각각 언급하고 있다.

[3] *Treaty of Peace with Italy*(1947), Printed in USA. 이하의 이탈리아 강화조약의 조

일본과 맺은 삼국동맹의 당사국으로 침략전쟁을 도모하고, 그로 인해 모든 동맹 및 기타 연합국과의 전쟁 상태를 야기하고 그 전쟁에 대한 책임을 분유(分有)하는" 것, "이탈리아의 파시스트 정권이 1943년 7월 25일에 무너지고, 이탈리아가 무조건으로 항복"하면서 강화조약 체결에 합의한 것 등이 명기되어 있다.

본문에서는 전문의 취지에 근거하여 이탈리아의 영토, 전쟁범죄인의 재판을 위한 체포 및 인도(引渡), 군대의 제한 및 공격용 병기의 보유, 건조(建造), 실험의 금지, 전쟁으로 생긴 배상의 의무 및 청구권의 포기에 대해서 규정되어 있다. 대체로 강화조약은 연합국 측이 이탈리아에 침략전쟁의 책임을 묻고, 파시즘화의 재발을 방지하는 것이 목적이었다.

여기서 주목해야 할 것은 이 강화조약이 식민지 지배 문제를 어떻게 처리했는가 하는 점이다. 우선, 본문 제2편 '정치조항'에 제4관 "이탈리아국의 식민지"가 마련되어, 제23조에는 "이탈리아국은 아프리카에서의 이탈리아국 속지(屬地), 즉 리비아 · 에리트레아 · 이탈리아령 소말리랜드에 관한 일체의 권리 및 권원을 포기한다",[4] 그 최종 처분은 '제11 부속서'에 따라 이루어진다고 적혀 있다. 그리고 그 '제11 부속서'에 따르면, 소련 · 연합왕국 · 미국 · 프랑스가 1947년 2월 10일의 강화조약 제23조에 의거하여 "아프리카에서의 그 속지의 최종적 처분"을 강화조약 실시일로부터 "1년 이내에 공동으로 결정하는 것에 동의한다" 그것이 이루어지지 않으면 "국제연합 총회에 권고를 받기

문은 이 문헌을 번역한 것이다. 번역 시에 外務省條約局 譯(1947), 『イタリア平和條約』(文友社)을 참고했다.

4) 영문은 다음과 같다. Italy renounces all right and title to the Italian territorial possessions in Africa, i. e. Libya, Eritrea and Italian Somaliland(*Treaty of Peace with Italy*(1947), Printed in USA, p. 13).

위해서 위임해야 한다"고 규정되어 있다.

이탈리아 식민지 처리 문제는 이 규정에 따라 1948년 9월에 시작된 파리회의에서 토의되었으나, 합의에 이르지 못했다.[5] 결국, 다음해인 1949년 11월 유엔 총회에서 ① 리비아는 1952년 1월 1일까지 독립시키며, 그때까지는 영국·이탈리아·파키스탄·이집트로 구성되는 자문위원회 아래 유엔 통치하에 놓인다(1951년 12월에 독립해서 리비아연합왕국이 된다), ② 이탈리아령 소말리랜드는 10년 이내에 독립시키며, 그때까지는 이탈리아의 신탁통치하에 놓인다(1960년에 북부의 영국령과 합쳐서 소말리아공화국이 된다), ③ 에리트레아에 대해서는 결정을 유보할 것이 승인되었다.[6]

리비아·에리트레아·이탈리아령 소말리랜드 등은 19세기 말~20세기 초에 이탈리아의 식민지가 된 지역인데, 그 지역의 처리 과정에서 놓칠 수 없는 것은 이탈리아가 자문위원회에 참가해서 영향력을 행사하거나 신탁통치를 행하고 있었던 점이다.[7]

다음으로 이탈리아가 파시즘 정권기에 점령·통치하고 있던 알바니아와 에티오피아[8]에 대해서는 각각 제2편 '정치조항'의 제6관, 제7관으로 독립된 규정이 마련되었다. 우선 알바니아에 대해서는 제23조~제32조까지의 조문이 마련되어, 이탈리아는 알바니아의 "주권 및 독립을 승인하고, 또한 이를 존

---

[5] John Foster Dulles(1950), *War or Peace*, New York: the Macmillan Company, p. 63(藤崎万里 譯(1950), 『戰爭か平和か』, 河出書房, 86쪽. 이하에서 번역에서는 일본어 번역을 참조했다).
[6] 海野福壽(2000), 앞의 책, 13쪽; 高橋進(1995), 「イタリアにおける戰後處理」, 『季刊 戰爭責任硏究』 No. 7(1995년 春季號), p. 17; Dulles(1950), 위의 책, pp. 63~64.
[7] 高橋進(1995), 위의 논문, 17쪽.
[8] 이탈리아는 1935년 10월에 에티오피아 침략을 개시하여 이듬해 5월에는 이탈리아령 에티오피아제국의 성립을 선언했다. 또 1939년 4월, 알바니아를 침략하여 병합했다. 北原敦 編(2008), 『新版 世界各國史15 イタリア史』, 山川出版社, 501쪽.

중한다", 알바니아에 있는 일체의 재산·권리·청구권을 포기하는 것 등이 규정되었다. 에티오피아에 대해서도 제33조~제38조까지 같은 규정이 마련되었다. 특히 제37조, 이탈리아는 에티오피아의 "일체의 미술품, 종교적 물건, 기록 및 역사적 가치가 있는 물건으로, 1935년 10월 3일 이후에 에티오피아에서 이탈리아에 반출된 것을 반환해야 하다"는 규정이 주목된다.

또, 제6편 '전쟁으로 발생한 청구권'의 제1관 '배상' 제74조에서는 이탈리아가 파시즘 체제기에 침략한 제국(諸國)에 대한 배상 지불의 의무가 규정되어, 소비에트연방에 1억 달러, 그리스에 1억 500만 달러, 유고슬라비아에 1억 2,500만 달러, 알바니아와 에티오피아에도 각각 500만 달러, 2,500만 달러를 지불할 것이 명시되었다.

이처럼 리비아 등의 구식민지와는 달리, 알바니아와 에티오피아에 대하여 독립 규정이 설정되어 배상 지불이나 문화재 반환 등이 인정받은 것은 두 나라 모두 연합국군의 지원을 받아서 해방·독립을 달성한데다가, 이탈리아의 파시즘 정권이 침략한 국가로 간주되었기 때문이다. 따라서 알바니아와 에티오피아에 대한 배상 지불은 침략전쟁에 대한 것으로 식민지지배에 대한 것은 아니었다. 즉, 이탈리아 강화조약에서는 전쟁과 식민지 지배에 대한 처리 방침이 분명히 구분되어 있었던 것이다.

나아가 이탈리아 강화조약에는 제14 부속문서 「할양(割讓)지역에 관한 경제적 및 재정적 규정」이 첨부된 사실도 주목할 만하다. '할양지역'이란 이탈리아가 침략전쟁을 통해 획득한 지역으로 프랑스·오스트리아·유고슬라비아·그리스 등 '원래의 소관국가(所管國家)'에 '양도'된 지역이다. 이 문서에는 '계승국'으로의 '국유 및 준국유(準國有) 재산'의 '무상' 수령, '이탈리아국에 불법적으로 반출한 재산'의 반환, '미술품, 역사적 또는 고고학적 가치가 있는' 문화재의 반환, 문관(文官) 또는 군인의 은급(恩給) 지불의 책임 등에 대해서 규정이 마련되어 있다. 그러나 이 문서 제19항에는 "이 부속서의 규정은 구 이탈리아의 식민지에는 적용되지 않는다"는 한 문장이 첨부되어 있었다. 즉, 미리 확인해 두어야 할 중요한 점은 리비아·에리트레아·이탈리아령 소말리랜드 등의 구식민지가 이와 같은 규정에서 제외되어 식민지 지배에 대한 배상이나 반환은 이루어지지 않았다는 것이다.

실제로 이탈리아와 연합국 측은 강화조약 체결에 앞선 논의 과정에서 다음과 같이 인식하고 있었다. 우선, 알바니아·에티오피아의 배상 요구에 대하여 이탈리아 측은 "식민지체제 아래에서 이탈리아가 한 투자액은 수탈액보다도 크다"[9]고 하는, 소위 '모치다시론(持ち出し論)'을 주장하며 거부했다. 또 이탈리아는 리비아 등의 구식민지에 대하여 '실제적인 이해관계'가 있었던 데 그치지 않고, 이탈리아 국민이 "파시즘에 저항했기" 때문에, 그 "위신을 위해서도 식민지를 통치할 권리와 능력이 국제적으로 승인받을" 것을 요구했다.[10] 미국에 망명해 있던 전 외무장관 카를로 스포르짜(Carlo Sforza)도 모든 이탈리아 식민지가 이탈리아에 남아 있어야 한다고 주장했다. 강화조약 체결 직전인 1947년 1월, 알치데 데 가스페리(Alcide De Gasperi) 수상도 방미 시에 제1 협상 의제로 식민지문제를 올리고, 구식민지를 이탈리아의 위임통치령으로 삼는 계획에 미국이 지지해 줄 것을 촉구했다.[11] 좌우를 불문하고 이탈리아의 정치가 중 대부분은 구식민지의 반환, 또는 식민지 지배의 유지를 집요하게 계속해서 요구했던 것이다.

이것에 대하여 연합국 측인 프랑스는 리비아의 트리폴리타니아가 이탈리

---

9) 佐々木隆爾(1993. 4), 앞의 논문, 121쪽.
10) Dulles(1950), 앞의 책, p. 60.
11) *Foreign Relations of the United States*(이하 FRUS)(1947) Vol. Ⅲ, p. 837, 石田憲 (2009), 『敗戰から憲法へ－日獨伊憲法制定の比較政治學』, 岩波書店, 21쪽.

아의 식민지 통치로 복귀하기를 바랐다. 조기(早期) 독립이라는 생각이 트리폴리타니아의 주민들 사이에 고취되는 것을 염려했으며, 그것이 인접한 프랑스 식민지인 튀니지 및 알제리의 주민에게로 감염될지도 모른다고 생각했기 때문이다.[12]

미국은 1945년 9월경에는 이탈리아의 구식민지는 국제연합의 신탁통치하에 이탈리아의 통치로 복귀되어야 한다고 생각하고 있었다. 그러나 덜레스(John Foster Dulles)의 말을 빌리면, "대국(大國) 간의 질투와 전략적 고려, 이탈리아의 열망, 그리고 원주민의 독립 요구" 등의 힘이 서로 부딪친 결과,[13] 유엔의 직접신탁통치라는 '새로운 계획'을 채용하는 방향으로 진행되었다고 한다.[14]

이처럼 강화조약을 체결한 이탈리아와 프랑스·미국 등의 연합국 측은 구식민지 처리 문제에 대하여 이탈리아에 의한 어떠한 통치의 계속 혹은 유엔의 신탁통치를 상정하고 있었다. 결국, 이탈리아 강화조약은 이탈리아의 전쟁책임은 물었지만, 식민지 지배의 죄를 물어 그것을 청산하겠다는 생각은 인정하지 않았다고 할 수 있다.

2. 샌프란시스코 강화조약과 구식민지 처리 문제

1951년 9월에 체결된 샌프란시스코 강화조약에는 이탈리아 강화조약 '제4관 이탈리아국의 식민지' 제23조와 같은 식민지 처리에 관한 조항이 없었다. 조선에 대해서는 제21조에서 조선이 이익을 얻는 조항에 대해서 언급되었고,

---

12) Dulles(1950), 앞의 책, pp. 60~61.
13) Dulles(1950), 앞의 책, p. 64.
14) Dulles(1950), 앞의 책, p. 61.

제2조에서는 "조선의 독립을 승인하고, 제주도, 거문도 및 울릉도를 포함하는 조선에 대한 모든 권리, 권원 및 청구권을 포기한다"고 되었다. 또, 제4조 (a)항에서는 '재산' 및 '청구권'의 처리는 "일본국과 이 당국들 간의 특별협정의 주제로 한다", (b)항에 "일본국은 〔중략〕 합중국 정부에 의해, 또는 그 지령을 따라 행해진 일본국 및 그 국민의 재산 처리의 효력을 승인한다"[15)]고 규정되었다. 그 이외에 어떠한 규정도 없었다.

그렇다고는 해서 조약 초안 과정에서 식민지 처리 문제에 대해서 논의가 전혀 이루어지지 않은 것은 아니다. 여기에서는 강화조약의 초안 작성을 주도한 미국의 조선 식민지 지배 인식과 그 대처에 대해서 한국의 강화조약 참가 문제를 둘러싼 논의에 주목하면서 생각하고자 한다.

우선, 미국을 중심으로 하는 연합국 측은 식민지 지배에서 해방된 '조선'에 대해 어떻게 인식하고 위치를 부여하고 있었던 것일까? 1947년 8월 4일자의 SCAPIN 1757[16)]에서는 연합국·중립국·적성국가의 세 범주 외에 어느 것에도 속하지 않는 '특수지위의 국가(Special Status Nations)'가 신설되었고, 조선은 오스트리아·이탈리아·타이 등과 함께 '특수지위의 국가'로 분류되었다. 그것은 조선이 일본의 구식민지이며, 그 시점에서는 연합국의 점령하에 있는 비독립 지역이었기 때문이라고 보인다.

미국은 대한민국 수립 후에도 한국을 어떻게 취급할지 정하지 못하고 있었다. 1949년 11월 미국 국무성에서 존 무초(John Muccio) 주한대사에게 한국의 강화회의 참가 여부에 대해 의견을 구했더니, 무초는 미군정으로부터 한국 측

---

15) 『官報』 號外, 1952. 4. 28.
16) 竹前榮治 監修(1993), 『GHQ指令總集成第一二卷SCAPIN1745 1800』, エムティ出版. 1948년 6월의 SCAPIN 1912(21 June 1948)도 마찬가지였다. 竹前榮治 監修(1993), 『GHQ指令總集成第一三卷SCAPIN1801·1950』, エムティ出版.

에 인도된 "재한(在韓) 일본 재산을 일본의 전배상(全賠償)으로서 받아들일 것"을 조건으로 강화회의 참가를 인정하도록 권고했다.17)

한편, 같은 해 12월 미 국무성 극동조사국은 『대일강화조약에 있어서의 대한민국의 참가』라는 조사보고서를 작성하고,18) 「Ⅰ. 대한민국의 참가 요구」, 「Ⅱ. 강화조약에 있어서의 한국의 이해(利害)의 본질」, 「Ⅲ. 강화조약회의에 있어서의 대한민국의 참가 불참가의 결과」에 대해서 검토했다.

우선 Ⅰ에서 "합중국은 한국의 참가를 지원하는 명확한 서약을 주지 않았으며, 한국에 대한 배상은 한국의 직접적인 청구에서 발생하는 것이 아니라, 합중국 또는 다른 극동위원회 소속의 나라에 할당된 배상에서 수여된다는 입장을 계속해서 주장해 왔다"라고 하여, 한국이 강화회의에 참가해서 배상을 요구하는 것에 반대하는 견해를 보이고 있다.

Ⅱ에서는 한국 측의 참가 요구는 1910년 '한국 병합' 이라 일본에 대하여 계속해서 '교전국가'로 있어 왔다는 지위에 근거하지만, "1910년의 조약에 의한 일본의 한국 병합은 합중국을 포함한 대부분 모든 국가에게 승인되어, 조선의 국가나 정부로서의 전체적인 승인은 1948년이 될 때까지 부여되지 않았다"고 주장하고 있다.

나아가 조선 내에서의 일본 통치에 대한 저항은 '지방'에서의 '단기간의 소요'에 한정되었고, 사람들은 대체로 총독부의 통치를 받아들이고 있었다. 조선 외의 민족주의 조직은 공식적으로 승인되고 있었던 것이 아니며, 조선 내

---

17) FRUS(1949), Vol. Ⅶ, p. 904, 911; 塚本孝(1992. 3), 「韓國の對日 平和條約署名問題 －日朝交涉, 戰後補償問題に關連して」, 『レファランス』, 95~96쪽.
18) DRF 163 Participation of the Republic of Korea in the Japanese Peace Settlement, December 12, 1949, RG59, Records of the Division of Research for Far East, Lot File:58D245, Box4.

에 기반이 존재하지 않았던 점 등을 들어 한국 측의 주장에 반론했다.

국무성이 강조한 것은 강화회의에서 한국에 대한 이해가 제2차 세계대전 중의 교전에 유래하는 것이 아니라, "1910년~1945년까지의 조선에 대한 일본의 제국주의 통치에 거의 전적으로 유래하는 것"이며, 미국이나 다른 여러 나라들이 일본의 '한국 병합'을 승인한 것이기 때문에 식민지 통치에 대한 한국의 배상 요구는 용인할 수 없다는 것이었다.

그런 다음에 Ⅲ에서 한국 측의 "반환, 배상 청구가 과도"하며, 극동위원회가 한국의 배상 청구를 "합법적인 것으로 인정하지 않았음"에도 불구하고, 배상청구권이나 재일조선인에 대한 보상을 요구해 오는 등 강화회의에 참가했을 경우의 문제점을 제시하였다. 결국 이 보고는 강화회의에 참가 여부라는 극단적인 결론을 피하고, 한국을 옵서버로서 참가시켜서 '어느 정도'의 청구권을 인정하는 타협안을 추진해야 한다고 제안하는 것이었다.

같은 시기에 미국 국무성이 작성한 강화조약 초안에는 한국도 조약서명국으로 추가되어 있었는데, 1951년 봄의 미영협의에서 한국 참가에 반대한 영국의 입장이 받아들여져서 한국의 대일강화조약 서명은 좌절되게 되었다. 그것은 그 후 한일교섭에서 한국 측에 불리한 틀을 제공하는 결과가 되었지만, 보다 중요한 것은 강화조약 서명 문제의 근저에 있던 '한국 병합'은 합중국을 포함한 대부분 모든 국가에게 승인되었다는 미국의 식민지 지배 인식이다.

강화조약의 최종 초안이 확정되어 가던 1951년 7월 3일의 국무성 작성 파일에는 "일본의 조선 통치와 지배로 발생한 청구권을 해결"하기 위한 '반환(restitution) 청구권, 또는 배상(reparations) 청구권'은 과도하다 하면서 다음과 같이 적고 있다.

약 3억 달러라고 평가되는 이 청구권은 1909년~1945년 8월 9일까지 조선에서 약탈되었다고 신고된 지금(地金)·지은(地銀), 미술품·특수한 출판물, 전시 중에 살해된 조선인에 대한 보상, 전시 중에 징용된 조선인 노동자의 대 미불 임금 등으로 이루어진다. 〔중략〕 조선은 1948년 7월 29일에 열린 약탈당한 재산의 반환에 관한 극동위원회의 결정에 있어서 이익이 주어지는 대상이라고는 간주되지 않았다. 그것은 제2차 세계대전 중에 일본에 의해 점령된 국가가 아니었기 때문이다. [19]

즉, 1948년의 극동위원회의 결정에 근거해 '일본의 조선 통치와 지배로 발생한 청구권'은 기본적으로는 용인할 수 없다고 하는, 앞의 1949년 12월 보고서의 내용을 재확인하는 것이었다. 그에 더하여 한국 측의 '청구권'은 "상호 협정의 특별한 기초 위에서 생각되어야 한다"고 되어 있고, "조선에서 반출된 문화재를 일본이 한국에 반환하고, 일본의 조선 점령으로 인해 발생한 한국인의 청구권을 위한 어느 정도의 일반적인 보상을 행하는 것에 대해서 고려"되지만, 그것은 "유엔 한국부흥기관에 대하여 일본이 자발적으로 공헌하는 형식을 취한다"는 방안이 제시되었다. 이것은 강화조약 제4조에 규정된 '특별협정'을 부연 설명한 것이었다.

정리하면 다음과 같다. ① 미국이나 다른 국가들이 '한국 병합'을 승인했기 때문에 식민지 통치 자체에 대한 한국의 배상 요구는 용인할 수 없다. ② 그러나 일본의 조선 점령으로 인해 발생한 한국인의 어느 정도의 일반적인 보상, 문화재 반환에 대해서는 고려되어야 하며, 한국 측의 '청구권'은 "상호 협정의 특별한 기초 위에서 생각되어야 한다". ③ 그것은 "유엔 한국부흥기관에 대하

---

[19] State Department Comments on JAPQ D 2/7, July 3, 1951, Korean Claims Under Korean Vesting Decrees to Property in Japan, RG59 Records of the Department of State, Office of the Legal Adviser Japanese Peace Treaty Files, Box5.

여 일본이 자발적으로 공헌하는 형식을 취한다". ①과 ②는 강화조약 제4조에 규정된 '특별한 합의[特別取極]'를 부연 설명한 것이다. 또한 일본의 '보상'을 '유엔 한국부흥기관'에 대한 경제원조로 생각하고 있었던 것이 주목된다.

이러한 미국의 대처 방침은 어떠한 인식에서 도출된 것일까? 강화회의의 준비와 강화조약의 작성을 주도한 덜레스의 식민지 지배 인식이 그 단서를 제공한다. 덜레스는 1950년에 출판한 저서 *War or Peace*에서 구미의 식민지 지배 역사를 다음과 같이 그렸다.

과거 수세기 동안 서구 여러 나라가 "물질적ㆍ지적ㆍ정신적으로 활발함"을 유지한 결과, '미개발지역'에 대하여 차관이 주어져 "철도, 항만, 관개 사업, 기타의 형태로 거대한 투자"가 이루어졌다. 그렇지만, 그것이 순조롭게 이루어지기 위해서는 "정치적 안정이나 통화(通貨)의 교환성"에 관해서 충분한 방법을 강구해야만 했다. 그리하여 서구 여러 나라들은 "무역이나 투자에 필요한 정치적 안정에 아직 도달하지 않은 세계의 사람들을 위해서 통치를 행하게 되었다". 그런 의미에서 '식민지'는 서구 여러 나라에 의한 "화려한 정치활동의 무대"[20]였다.

서구 여러 나라의 지배가 확대된 것은 이러한 "서구 여러 나라의 정치적 우월성" 때문이었다. 그것은 "원래 서구가 타국이 바라는 무엇인가를 제공하는 것"에서 생겨난 것으로 "군인의 공적이라기보다는 오히려 외교관, 상인, 선교사의 활동에 의한 것이다."[21]

결국, 덜레스에게 있어서 '서구 여러 나라의 식민지 개발'에는 전체적으로 '자기청산적' 요소가 있었고, '서구의 식민지주의(Western colonialism)'는 "처음부

---

[20] Dulles(1950), 앞의 책, p. 74.
[21] Dulles(1950), 앞의 책, pp. 74~75.

터 해방적 성질을 띠도록, 인간의 자유라는 기본적인 사고방식"을 내포하고 있어 "서구 여러 나라의 정치적 지배가 평화적으로 퇴각하고, 자치가 이를 대신하도록 추진했다". 따라서 전후 5년간의 식민지의 자치와 독립을 향한 '큰 움직임'은 "예로부터의 것을 일거에 뒤엎은 것이 아니라, 이를 성취했다"는 것이다.[22]

제2차 세계대전 후의 국제사회에서는 프랑스나 영국의 식민지처럼 전쟁이 끝난 후에도 한동안 존속한 지역도 있었지만, 기본적으로 식민지 지배는 종언되었고, 구식민지는 독립을 달성하는 방향으로 나아갔다. 이탈리아 강화조약과 샌프란시스코 강화조약에서의 구식민지에 대한 권리와 권한의 포기, 구식민지의 독립 승인 조항은 그러한 조류를 상징적으로 나타내는 것이었다.

이탈리아 강화조약과 샌프란시스코 강화조약을 식민지 지배의 처리라는 관점에서 비교하자면, 식민지에 관한 조항이 마련되어 알바니아와 에티오피아에 한해서 배상과 문화재의 반환 등이 명기되었던 점에서 상대적으로 이탈리아 강화조약이 식민지 지배 처리를 더 의식하고 있었다고 할 수 있다.

그런데도 주목해야 할 것은 두 개의 강화조약은 식민지 지배의 책임을 불문에 부친다는 점에서 공통점이 있다는 것이다. 즉, "처음부터 해방적 성질을 띠도록, 인간의 자유라는 기본적인 사고방식"을 가지고 있었던 서구의 식민지주의는 전후(戰後) 구식민지의 자치와 독립을 통해 "성취한" 것이기 때문에, 식민지 지배의 책임을 물어서는 안 된다는 사고방식이 두 강화조약에 관철되고 있었던 것이다.

---

22) Dulles(1950), 앞의 책, p. 77・87.

III. 일본의 식민지 지배 인식과 강화조약 제4조의 '청구권'

1. 일본의 식민지 지배 인식

패전부터 한일교섭에 이르는 시기 일본 정부의 식민지 지배 인식을 가장 잘 보여주는 자료는, 관견으로는 외무성이 1949년 12월에 작성한 「할양지(割讓地)에 관한 경제적 재정적 사항의 처리에 관한 진술」과 다음해인 1950년 5월에 작성된 개정판 『대일평화조약의 경제적 의의에 대해서』의 「3. 할양지에 관한 경제 재정 사정의 처리」다. 둘 다 강화조약에 의해 규율될 것으로 예상되는 「할양지에 관한 경제적 재정적 규정」, 즉 구식민지 처리 규정이 일본 측에 유리하도록 연합국 측을 설득하기 위해서 작성된 문서다. 거기에 나타난 식민지 지배 인식은 다음 두 가지다.

첫째는 구식민지는 국제법에 의해 "정당하게 취득"되었다는 '식민지 지배 정당·적법'론이라고 할 수 있는 인식이다. 패전 직후 일본 정부는 제국의 식민지를 "이번 전쟁과 관계없이 제국이 정당하게 취득하고, 동시에 제국의 주권행사에 있어서 종래 분쟁이 없던 영토"라고 하며, 조선은 "일한합병조약, 한국병합 선언에 대해 오늘날까지 미·영·소 어느 쪽에서도 이의가 있었던 적이 없으므로" 연합국 측의 조선 '할양'은 국제법상 문제가 있다고 하였다.[23] 그러므로 "조선에 관한 주권은 독립 문제를 규정하는 강화조약 비준일까지 법

---

[23] 「連合國ノ對日要求ノ內容ト其ノ限界(硏究素材)」(昭二十, 十, 二十九, 條約局), 『ポツダム宣言受諾關係一件 善後策措置および各地狀況關係(一般及び雜件)第一卷』, 『日本外交文書』第3回公開.

률상 우리 쪽에게 있다"는데, 연합국군의 점령 등의 사정으로 인해 "우리 쪽의 주권은 사실상 휴지(休止) 상태에 빠진다"고 해석하고 있었다.[24]

식민지 조선을 "제국이 정당하게 취득"했다는 인식은 그 후에도 일본 정부의 기본인식으로 존속했다. 1949년 3월 외무성이 작성한 「조선에 있어서의 채무의 처리에 대해서」에는 "조선의 병합은 일본과 당시의 조선 정부 사이의 병합조약을 근거로 적법하게 이루어졌다"고 적혀 있다. 같은 해 12월의 「할양지에 관한 경제적 재정적 사항의 처리에 관한 진술」에서도 "당시로서는 국제법, 국제관례상 보통이라고 인정을 받고 있었던 방식에 따라 취득되었으며, 세계 각국들도 오랫동안 일본령으로서 승인하고 있었던" 것이며, "과거 이들 지역의 취득, 보유에 대해서 국제적 범죄시하고, 징벌적 의도를 배경으로 하여, 이들 지역의 분리에 관련되는 여러 문제 해결의 지도 원칙으로 삼는 것에는 승복할 수 없다"고 서술하고 있다.[25]

그런데 다음해인 1950년 5월의 개정판 『대일평화조약의 경제적 의의에 대해서』의 「3. 할양지에 관한 경제재정 사정의 처리」에서는 '식민지 지배 정당·적법'을 주장한 부분이 삭제되어 있다. 1년여의 기간 동안 왜 삭제되었는지, 연합국 측과 어떠한 협상이 오고 갔는지 알 수 없지만, 아마도 '식민지 지배 정당·적법'론이 연합국 측에 승인되었기 때문이라고 보인다.

또 한 가지는 일본의 식민지 통치는 '착취정치'가 아니라, "각 지역의 경제적·사회적·문화적 향상과 근대화에 공헌"했다고 하는 '시혜론(施惠論)' 내지는 '근대화론'이다. 패전 직후에 그러한 주장을 내세운 가장 대표적인 인물은

---

[24] 「電報案／朝鮮, 政務總監」(昭和二〇年八月二四日), 『ポツダム宣言受諾關係一件 善後策措置および各地狀況關係(一般及び雜件)第二卷』, 『日本外交文書』第3回公開.

[25] 「割讓地に關する經濟的財政的事項の處理に關する陳述」(二十四, 十二, 三), 外務省 編(2006), 『日本外交文書－サンフランシスコ平和條約準備對策』, 443~445쪽.

전 경성제국대학 교수이자 경제학자인 스즈키 다케오[鈴木武雄]였다.[26] 스즈키는 잡지 『세카이[世界]』(1946년 5월호)에 실린 「조선 통치에 대한 반성」에서 다음과 같이 썼다. 일본의 조선 통치에 대한 근본방침 '일시동인(一視同仁)', '내선일체(內鮮一體)'의 한 단면으로서 '황민화(皇民化)운동'은 "지나친 동화정책의 강행"이라고 반성해야 마땅하지만, 그 제2면으로서 "일선인(日鮮人)을 완전히 평등시하고, 일본인의 우월적 차별대우 혹은 차별감정을 극복하고, 소위 식민지관계를 지양하고자 한 이상주의적인 성격"이 있었다. 다시 말해 "일한합방의 대전제는 뒤집을 수 없다"고 해도, "문명인이 야만인을 지배하는" 종래의 "공식적인 제국주의적 식민지 지배에 대한 비판과 반항"이 있어 "같은 아시아인 동지"로서의 "동포애적인 새로운 외령통치(外領統治)의 이념"이 있었다고 한다.[27] 이것은 총력전체제기(總力戰體制期)의 대동아공영권 구상을 스즈키 나름대로 평가한 것인데, 오늘날의 연구 수준으로 보면 자의적이라는 것은 말할 필요도 없다.

더욱이 그 후에 스즈키는 재외재산조사회(在外財産調査會)[28]에서 1947년에 편찬된 『일본인의 해외활동에 관한 역사적 조사』 조선편 전10권의 총론적 성격을 가지는 「부록·조선 통치의 성격과 실적-반성과 반비판(反批判)」을 집필했

---

[26] 스즈키 다케오는 중앙관청(외무성·대장성), 조선과 관련된 민간기업, 관료 출신·학식 있는 사람 등 조선 관계자 그룹에 전부 접점을 갖고 있었으며, 그 삼자를 하나로 묶는 인물이었다. 宮本正明(2006. 3), 「敗戰直後における日本政府·朝鮮關係者の植民地統治認識の形成-『日本人の海外活動に關する歷史的調査』成立の歷史的前提」, 『世界人權センター研究紀要』 第11號, 129쪽.
[27] 鈴木武雄(1946. 5), 「朝鮮統治への反省」, 『世界』.
[28] 재외재산조사회는 대장대신 및 외무대신의 관리하에서 '재외재산의 조사'를 행하기 위한 기관으로, 전체로 보면 대장성의 주도성이 강한 조직이었다. 宮本正明(2006. 3), 앞의 논문, 123쪽.

다.²⁹⁾ '일본의 조선 영유'에는 구미 열강의 식민지 지배 정책과는 다른 '특이성'이 있었다면서, "병합 이전의 조선 경제의 정지적(靜止的) 정체, 아니 축소재생산(縮小再生産)이라고도 말할 수 있는 미제라블한 상태"로부터 "병합 후 불과 삼십 몇 년 동안에 오늘날 보이는 바와 같은 일대발전을 이룩하기에 이른 것은 아마도 일본의 지도와 자본 이식의 결과일 것"이라고 단언하고 있다.³⁰⁾

1949년 12월 외무성이 작성한 「할양지에 관한 경제적 재정적 사항의 처리에 관한 진술」에는 다음과 같은 대목이 있는데, 일본 정부의 인식도 스즈키의 인식과 거의 같았다.

> 일본의 이들 지역에 대한 시정(施政)은 결코 소위 식민지에 대한 착취정치로 인정되어서는 안 될 것이다. 오히려 이들 지역은 일본 영유로 되었을 당시에는 전부 다 가장 언더 디벨럽트한 지역이었으며, 각 지역의 경제적·사회적·문화적 향상과 근대화는 오로지 일본 측의 공헌에 따른 것이라는 점은 이미 공평한 세계의 식자(識者) - 원주민을 포함해서 - 가 인식하는 바이다.³¹⁾

그리고 일본이 식민지를 개발하는 때에는 국고에서 거액의 보조금이나 민간자금을 투입하고 일본의 통치 이래 조선인의 소득 및 생활수준은 상승했기

---

29) 竝木眞人(1997), 「'日本人の海外活動に關する歷史的調査' 朝鮮篇」·「'日本人の海外活動に關する歷史的調査' 朝鮮篇 補論 - '日本人の海外發展に關する歷史的調査' および '日本人の海外活動に關する硏究調査'を中心に」, 井村哲郎 編, 『1940年代の東アジア文獻解題』, アジア經濟硏究所.
30) 鈴木武雄(1951), 「朝鮮統治の性格と實績 - 反省と反批判」, 大藏省管理局, 『日本人の海外活動に關する歷史的調査』, 通卷 第11冊 朝鮮篇 第10分冊(小林英夫 監修(2000), 『日本人の海外活動に關する歷史的調査 第五卷 朝鮮篇4』, ゆまに書房).
31) 「割讓地に關する經濟的財政的事項の處理に關する陳述」(二十四, 十二, 三), 外務省編(2006), 『日本外交文書 - サンフランシスコ平和條約準備對策』, 443~445쪽.

때문에 경제적·사회적 분야에 관한 한 "일본의 식민지 착취 운운하는 설은 정치적 선전 내지 실정을 모르는 데서 기인하는 상상론에 지나치지 않는다"고 하였다.

미야모토 마사아키[宮本正明]에 따르면, '시혜론' 같은 식민지 지배 인식의 기본적인 요소는 패전 직후부터 중앙관청·관계기업·식민지 경험이 있는 지식인 등으로부터 단발적으로 표출되었으며, 그러한 주장들은 각 방면의 조사 활동과 상호 교류 속에서 일정한 인식을 형성하였고, 그 집대성으로서 『일본인의 해외활동에 관한 역사적 조사』가 편찬되었다. 그리고 그렇게 "짜여진 식민지 인식은 중앙관청을 포함한 관계자들 사이에서 공유·정착·계승"되어 간 것이다.[32]

이상과 같이 스즈키와 일본 정부의 인식은 일본의 식민지 통치의 '특이성'을 강조하고 있다는 점에서 특징적이다. 스즈키에 따르면, "'일시동인' 정책은 식민정책학상의 술어에 대입해서 말하자면, '동인정책(同仁政策, assimilation policy)'의 범주에 속하고", '동화정책'의 개념으로는 적절하게 설명할 수 없는 '특이한 성격'을 갖고 있었다. 그것은 '영국의 자치령 경제', 즉 식민지에 "본국경제의 축소판 같은 산업구조"를 수립해 "제2의 본국경제"를 실현하려고 한 '앵글로색슨의 이민경제인 자치령 경제'와 유사하고, 그 밖의 "이민족 지배를 본질로 하는 식민지에서는 결코 볼 수 없는" 것이라고 한다.[33]

그러나 일본의 식민지 통치가 "경제적·사회적·문화적 향상과 근대화"에 공헌했다는 스즈키와 일본 정부의 '특이성'론은 결코 특이한 것이라고는 할 수 없다. 오히려 앞에서 이탈리아 강화조약, 덜레스의 인식에 나타난 '모치다

---

[32] 宮本正明(2006. 3), 앞의 논문, 130쪽.
[33] 鈴木武雄(1946), 「朝鮮産業經濟の發展と在鮮日本系事業」, 『友邦文庫』 333-15(學習院大學東洋文化研究所 소장), 1·15쪽.

시론'이나 식민지 지배가 자치와 독립을 "성취"했다고 보는 구미 식민지주의, 그리고 일본의 식민지 '근대화'론에는 당시의 세계상황에서의 공통성이 발견된다. 따라서 여기에서는 그 공통성에 주목할 필요가 있고, 일본의 식민지 지배 인식은 두 개의 강화조약에 나타난 식민지 지배 인식에 접목되고 있었다고 생각해야 할 것이다.

2. 샌프란시스코 강화조약 제4조의 '청구권'

샌프란시스코 강화조약과 일본 정부의 식민지주의의 관계성을 보다 분명하게 하기 위해서는 일본과 구식민지의 '재산' 및 '청구권'은 쌍방의 '특별한 합의'의 주제로 삼는다고 규정된 제4조를 일본 정부가 어떻게 이해했는지를 규명할 필요가 있다. 특히 제4조의 '청구권' 인식의 내실을 밝히는 것이 중요한데, 그것은 '청구권'이 훗날의 한일재산청구권 교섭 및 1965년의 한일청구권경제협력협정을 규정하고, 한일조약 체결 후의 전후보상 재판에도 결정적인 영향을 끼쳤기 때문이다.

우선, 일본 정부의 '청구권' 인식의 배경에 대해서 생각해 보겠다. 최근에 공개된 일본 외교문서에 따르면, 1948년 5월에 외무성은 「할양지역에 있는 양도국의 공유, 사유의 재산, 권리, 이익의 취급」, 즉 구식민지에 있는 일본 재산의 처리에 대해서 이탈리아 강화조약을 중심으로 제1차 세계대전 후의 베르사유조약, 생제르맹조약과 비교 검토하는 작업을 하고 있었다.

이탈리아 강화조약에서는 리비아 등 구식민지에 적용되는 "경제적 및 재정적 처분은 제14 부속서 제19항 및 제23조에 의해 앞으로의 결정을 기다리게 되어" 있고, 최종 결정은 이루어지지 않았다. 그러므로 "일본 영토(예를 들면 조선, 가라후토[樺太], 대만 등)의 할양이 식민지 할양의 취급을 받게 될 경우에는 이탈리아 평화조약은 그대로 선례로 취급할 수 없다"[34]고 하였다. 1948년 5월 시점에서는 조선이나 대만의 해방을 '일본 영토'의 '할양', 또는 '식민지의 할양'이라고 이해하고 있었던 것이다.

그런데, 1949년 3월에 외무성이 작성한 문서「조선에 있어서의 채무의 처리에 대해서」에서는 '조선의 독립'이 다음과 같이 인식되고 있었다.

> 일본의 조선 병합은 일본과 당시의 조선 정부 사이의 병합조약을 근거로 적법하게 이루어진 것이다. 따라서 이번 조선의 독립은 국제법상에서 말하는 분리의 경우다. 분리의 경우, 상속에 관한 국제법상의 규정은 아직 확립된 바가 적어 그때 상황에 맞춰 조약 등을 통해 협정해야 한다.[35]

'조선의 병합'은 '병합조약'을 근거로 '적법'하게 이루어졌기 때문에 1948년의 대한민국과 조선민주주의인민공화국의 성립에 따른 '조선의 독립'은 "국제법상에서 말하는 분리"라는 인식이다. 외무성에 배상 문제의 이론적 측면에서 영향력을 가진 국제법학자 야마시타 야스오[山下康雄, 나고야대학 교수]는 "조선은 독립국이 된 것이기 때문에 할양지가 아니다. [중략] 할양지라기보다도 분리지역(detached territory)"이라고 하면서, '국제법상에서 말하는 분리'론에 의거해서 '재산' 및 '청구권'에 대해서 논하고 있다.[36]

이렇게 해서 '국제법상에서 말하는 분리'론을 바탕으로 '청구권' 개념의 틀이 설정되게 된다. 1952년에 작성된 것으로 보이는「일한청구권 문제에 관한

---

34)「割讓地にある讓渡國の財産, 權利, 利益の取扱について」(1948. 5. 25), 日本外務省 公開日韓會談文書, 6-1151-1560.
35)「朝鮮における債務の處理について」(1949. 3), 日本外務省公開日韓會談文書, 6-1151-1559.
36) 山下康雄(1951. 9),「平和條約第四條について(上)(未定稿)(平和條約研究 第三號)」, 條約局法規課, 日本外務省公開日韓會談文書, 6-1151-1562.

분할 처리의 한계」에서는 "이번의 샌프란시스코조약을 통한 조선의 독립 승인에 대해서는, 조선은 일본과는 전쟁 관계에 있지 않았기 때문에, 배상 문제가 생길 여지가 물론 없으며, 따라서 양국 간의 청구권 문제는 단순한 영토 분리 시의 국가의 재산 및 채무의 계승 관계로서 취급"해야 한다고 하고 있다.[37]

즉, 강화조약 제4조의 '청구권'이란 일본과 조선 사이의 "단순한 영토 분리 시의 국가의 재산 및 채무의 계승 관계"에서 생기는 문제로서, 장차 '특별협정'의 대상으로 한다고 여겨진 것이다. 다시 말해, 이 제4조의 '청구권'은 식민지 지배의 청산을 목적으로 하는 것이 아니었던 것이다.

이러한 '청구권' 개념은 구미 여러 나라가 주도한 '국제법'의 한 학설에 따라 도출된 것에 더하여, 일본 정부가 상당히 의도적으로 만들어 냈다는 측면에도 주목할 필요가 있다. 실제로 1950년 전후에 일본 정부는 식민지주의 비판의 존재를 강하게 의식하고, 그에 대한 대응을 고려하고 있었다. 스즈키 다케오가 「조선 통치의 성격과 실적―반성과 반비판」에서 "일본의 조선 통치가 오로지 제국주의적 식민지 지배와 착취로 일관했다는 견해가 내외에 지배적인" 것은 유감이라고 쓴 것은 그러한 점을 여실히 말해 주고 있다. 또 일본 정부도 1951년 10월에 작성한 「일한 양국의 기본관계에 관한 방침(안)」에서 교섭에 임한 한국 측의 기본적 태도로서 "일본의 40년간의 조선 통치가 착취적 식민정치였다는 원칙을 가지고 올 것"이라고 예견하고, 다음과 같은 기본방침을 정했었다.

> 우리 쪽으로서는 원칙론으로서 이러한 태도를 논파할 필요가 있으며, 필요하다면, 하시라도 한국 측 및 세계의 곡해 내지 오해를 풀도록 하기 위해서

---

[37] 「日韓請求權問題に關する分割處理の限界」(1952), 日本外務省公開日韓會談文書, 5-1042-1300.

일본의 조선 통치하에서의 한국인의 경제생활, 문화생활 향상의 실제 면을 구체적으로 제시한 일반적인 스테이트먼트를 준비해 둘 필요가 있으며, 적당한 모든 점에 대해서는 다른 외국의 컬러니얼리즘과 비교해 보일 필요도 있을 것이다.[38]

'다른 외국의 컬러니얼리즘'과 비교해도 "조선 통치하에서의 한국인의 경제생활, 문화생활"이 "향상"되었다는 사고방식은 한일교섭에서 일본 측의 식민지 지배 인식의 단면을 나타내고 있었다.

이렇게 해서 이탈리아 강화조약과 샌프란시스코 강화조약에서의 식민지주의와 그것을 방패로 삼은 일본의 식민지주의가 지배적인 상황 속에서, 1950년대 초의 한일교섭이 전개되게 된다.

IV. 맺음말

이상으로 두 강화조약에서의 구미 여러 나라의 식민지주의 및 패전 후 일본의 식민지주의에 대해서 정리하면 다음과 같다. 제2차 세계대전 직후의 이탈리아 강화조약 준비 과정에서는 이탈리아의 구식민지 지배 처리문제가 제기되었고, 그 후의 샌프란시스코 강화조약 준비 과정에서도 한국이 식민지 지배 처리문제를 제기하였다. 그러나 조약 체결 당사국이었던 이탈리아와 일본 및 연합국 측은 전쟁 책임과 식민지 지배 책임을 분리하여 이탈리아 및 일본

---

[38] 「日韓兩國の基本關係に關する方針(案)」(1951. 10. 31), 日本外務省公開日韓會談文書, 6-1186-1835. 이 방침은 같은 해 11월 25일자 「日韓基本關係調整交涉について留意すべき事項」에도 기재되었고, 기본방침으로 확정되었던 것 같다(「日韓國交正常化交涉の記錄」, 日本外務省公開日韓會談文書, 6-909-1124).

의 전쟁 책임은 물었지만, 식민지 지배의 책임은 불문에 부친다는 인식과 대응을 보였다. 즉, 연합국 측과 이탈리아 및 일본은 전쟁 책임에서는 대립적이었으면서도 식민지 처리문제에서는 이해를 공유하는 관계, 식민지 측에서 보자면 '공범관계'에 있었다고 할 수 있다.

이리하여 이탈리아 강화조약과 샌프란시스코 강화조약에서의 식민지주의와 그것을 방패막이로 한 일본의 식민지주의가 지배적인 상황 속에서, 한일교섭이 이루어지게 된다. 한일교섭 과정에서는 한국 측이 일본의 식민지 지배의 부당성을 호소하기도 했지만, 기본적으로 그것은 인정을 받지 못했고, 식민지 지배의 책임을 묻지 않는 샌프란시스코 강화조약의 틀이 관철되었다. 따라서 한일교섭의 결과로 체결된 한일조약, 특히 한일재산청구권협정은 식민지 지배의 청산을 목표로 하는 것이 되지 못한 것이다.

그렇지만 이러한 한일조약체제는 그 후에도 그대로 유지된 것은 아니다. 1980년대 후반에 한국에서 정치적 민주화가 진전되고 동서 냉전체제가 붕괴되는 가운데 구일본군 '위안부' 등 피해자가 일본 정부에 보상을 요구하는 목소리를 내고, 한일 양국의 후원자와 시민운동이 그것을 지원함으로써 피해의 청산을 요구하는 운동이 본격화되었다. 일본 정부는 동서 냉전 붕괴 후의 동아시아의 나갈 바를 전망하는 데 있어서 피해자가 보상을 촉구하는 움직임을 무시할 수 없게 되었고, 식민지 지배에 대한 견해를 표명할 것을 재촉받게 되었다. 그리하여 일본 정부는 1995년의 소위 '무라야마 담화[村山談話]'를 통해 처음으로 식민지 지배에 대한 반성과 사죄를 표명하게 되었다.[39] 이것은 일본 정부의 식민지 지배에 대한 공식 입장이 한일조약체제에서의 식민지 지배

---

[39] 필자는 이러한 경위에서 구일본군 '위안부' 피해자들의 운동이야말로 '무라야마 담화'를 이끌어낸 주체였다고 생각하고 있다.

정당론에서 식민지 지배 부당론으로 '변화'한 것을 뜻하는 것이며, 그 후의 정권도 '무라야마 담화'의 입장을 계승하고 있다.

그런데도 일본 정부는 한일 간의 과거 문제가 한일재산청구권협정으로 해결되었다고 계속 주장하고 있다. 그것은 자가당착이 아닐 수 없다. 식민지 지배의 책임을 용인하지 않은 한일재산청구권협정으로는 과거의 문제는 해결되지 않은 것이며, 오늘날 식민지 지배 부당론의 입장을 취하고 있다면, 그 역사적 사실을 인정하고, 식민지 지배 부당론이라는 새로운 입장에서 과거 문제와 마주해야 한다.

• 참고문헌

高橋進(1995), 「イタリアにおける戰後處理」, 『季刊 戰爭責任研究』No.7(1995년 春季號).
宮本正明(2006. 3), 「敗戰直後における日本政府・朝鮮關係者の植民地統治認識の形成-『日本人の海外活動に關する歷史的調査』成立の歷史的前提」, 『世界人權センター研究紀要』第11號.
吉澤文壽(2006. 4), 「日韓會談研究の現狀と課題」, 『歷史學研究』813.
吉澤文壽(2006. 9), 「植民地支配の'淸算'とは何か-朝鮮を事例として」, 『歷史評論』677.
金民樹(2000. 12), 「對日講和條約과 韓國參加問題」, 東京大學大學院總合文化研究科.
藤崎万里 譯(1950), 『戰爭か平和か』, 河出書房.
鈴木武雄(1946), 「朝鮮産業經濟の發展と在鮮日本系事業」, 『友邦文庫』333-15(學習院大學東洋文化研究所 소장).
鈴木武雄(1946. 5), 「朝鮮統治への反省」, 『世界』.
鈴木武雄(1951), 「朝鮮統治の性格と實績-反省と反批判」, 大藏省管理局, 『日本人の海外活動に關する歷史的調査』, 通卷 第11冊 朝鮮篇 第10分冊(小林英夫 監修(2000), 『日本人の海外活動に關する歷史的調査 第五卷 朝鮮篇4』, ゆまに書房).
竝木眞人(1997), 「'日本人の海外活動に關する歷史的調査' 朝鮮篇」・「'日本人の海外活動に關する歷史的調査' 朝鮮篇 補論-'日本人の海外發展に關する歷史的調査' および'日本人の海外活動に關する研究調査'を中心に」, 井村哲郎 編, 『1940年代の東アジア文獻解題』, アジア經濟研究所.
北原敦 編(2008), 『新版 世界各國史15 イタリア史』, 山川出版社.
山下康雄(1951. 9), 「平和條約第四條について(上)(未定稿)(平和條約研究 第三號)」, 條約局法規課, 日本外務省公開日韓會談文書, 6-1151-1562.
石田憲(2009), 『敗戰から憲法へ-日獨伊憲法制定の比較政治學』, 岩波書店.
外務省條約局 譯(1947), 『イタリア平和條約』, 文友社.
佐々木隆爾(1993. 4), 「いまこそ日韓條約の見直しを」, 『世界』.
竹前榮治 監修(1993), 『GHQ指令總集成第一二卷SCAPIN1745・1800』, エムティ

出版.

竹前榮治 監修(1993), 『GHQ指令總集成第一三卷SCAPIN1801・1950』, エムティ出版.

塚本孝(1992. 3), 「韓國の對日平和條約署名問題-日朝交涉, 戰後補償問題に關連して」, 『レファランス』.

太田修(2003), 『日韓交涉-請求權問題の研究』, クレイン.

太田修(2008), 「財産請求權問題の再考-脱植民地主義の視角から」, 笹川紀勝・李泰鎭 編, 『國際共同研究 韓國併合と現代-歷史と國際法からの再檢討』, 明石書店.

太田修(2011), 「二つの講和條約と初期日韓交涉における植民地主義」, 李鍾元・木宮正史・淺野豊美 編, 『歷史としての日韓國交正常化Ⅱ 脱植民地化編』, 法政大學出版局.

海野福壽(2000), 『韓國併合史の研究』, 岩波書店.

「連合國ノ對日要求ノ內容ト其ノ限界(研究素材)」(昭二十, 十, 二十九, 條約局), 『ポツダム宣言受諾關係一件 善後策措置および各地狀況關係(一般及び雜件)第一卷』, 『日本外交文書』第3回公開.

「日韓兩國の基本關係に關する方針(案)」(1951. 10. 31), 日本外務省公開日韓會談文書, 6-1186-1835(「日韓國交正常化交涉の記錄」日本外務省公開日韓會談文書, 6-909-1124).

「日韓請求權問題に關する分割處理の限界」(1952), 日本外務省公開日韓會談文書, 5-1042-1300.

「電報案/朝鮮, 政務總監」(昭和二〇年八月二四日), 『ポツダム宣言受諾關係一件 善後策措置および各地狀況關係(一般及び雜件)第二卷』, 『日本外交文書』第3回公開.

「朝鮮における債務の處理について」(1949. 3), 日本外務省公開日韓會談文書, 6-1151-1559.

「割讓地にある讓渡國の財産, 權利, 利益の取扱について」(1948. 5. 25), 日本外務省公開日韓會談文書, 6-1151-1560.

「割讓地に關する經濟的財政的事項の處理に關する陳述」(二十四, 十二, 三), 外務省編(2006), 『日本外交文書-サンフランシスコ平和條約準備對策』.

「割讓地に關する經濟的財政的事項の處理に關する陳述」(二十四, 十二, 三), 外務省

編(2006), 『日本外交文書－サンフランシスコ平和條約準備對策』.
『官報』號外, 1952. 4. 28.

John Foster Dulles(1950), *War or Peace*, New York: the Macmillan Company.
Foreign Relations of the United States(FRUS)(1947), Vol. Ⅲ.
Foreign Relations of the United States(FRUS)(1949), Vol. Ⅶ.
Treaty of Peace with Italy(1947), Printed in USA.
DRF 163 Participation of the Republic of Korea in the Japanese Peace Settlement, December 12, 1949, RG59, Records of the Division of Research for Far East, Lot File:58D245, Box4.
State Department Comments on JAPQ D 2/7, July 3, 1951, Korean Claims Under Korean Vesting Decrees to Property in Japan, RG59, Records of the Department of State, Office of the Legal Adviser Japanese Peace Treaty Files, Box5.

한일조약체제와 '식민지' 책임의 국제법적 재조명

동북아역사재단 연구위원 **도시환**

한일조약체제와 '식민지' 책임의 국제법적 재조명*

동북아역사재단 연구위원 **도시환**

I. 머리말

일본에 의한 한국강제병합 100년이 되던 2010년은 한일 간 역사갈등의 본질적 원인규명과 그에 대한 해소방안을 모색하는 일이 우리 시대에 부여된 역사적 과제로 인식하는 계기이자 정의의 소명으로 자리매김하는 전기가 되었다. 그것은 한일강제병합 100년을 맞이하는 시점에서 올바른 역사 정립을 통한 기반 위에서 진정한 역사화해를 모색해 나가야 한다는 것이었다.[1]

그러한 한일강제병합 100년사의 재조명에서 가장 주목할 만한 사건은 2010년 5월 10일 214명으로 시작하여 65주년 광복절을 앞둔 7월 28일 1,118명

---

* 본 논문은 2012년 6월 22일 '한일협정체제와 「식민지」책임에 대한 재조명'을 주제로 동북아역사재단이 개최한 '한일협정 50년사에 대한 재조명 국제학술회의'에서 발표한 논문의 수정본으로, 『국제법학회논총』제57권 제3호(2012. 9)에 게재되었음.
1) 도시환(2010. 12), 「1910년 '한일병합조약' 체결강제의 역사적 진실규명과 국제법적 조명」, 『국제법학회논총』제55권 제4호, 39쪽.

의 한일 양국 지식인이 '역사적 정의'에 입각하여 천명한 '1910년 한일병합조약은 원천무효'라는 공동성명이었다.[2]

그러나 1910년 한일병합조약을 근거로 한 일제강점과 그에 따른 불법적인 식민지배가 합법이라는 인식에서 출발하고 있는 일본 정부의 입장은, 한국의 당사국 지위를 배제한 채 올해 발효 60년을 맞는 1951년 대일강화조약과 2015년 체결 50년을 앞둔 1965년 한일협정[3]에도 그대로 투영됨으로써, 오늘날 한일조약체제는 불법적인 '식민지' 책임과 관련하여 한일 역사갈등의 제반 문제를 노정시키는 진원지이자 청산해야 할 대표적인 현안과제로 남겨지게 되었다.

그런데 2010년 한일 양국 지식인에 의한 '1910년 한일병합조약은 원천무효'라는 공동성명 이후 남겨진 현안과제이자 역사적 후속작업으로서 2015년 한일협정 체결 50년사에 대한 재조명에서 두 가지 중대한 모멘텀이 마련되었다.

---

[2] 이와 관련하여 2010년 8월 10일 간 나오토[菅直人] 일본 총리의 한일강제병합 100년에 즈음한 담화는, 일부 진일보라는 평가와 달리 여전히 한일 지식인들이 요구해온 병합조약의 불법·무효성을 인정하지 않았을 뿐만 아니라 과거사 갈등의 핵심인 강제징용 및 '위안부' 피해자 문제 등에 대한 실질적인 조치를 외면하였다. See-hwan Doh (2010. 8. 12), "1910 Korea-Japan Annexation Treaty Invalid," *Korea Times*, p. 1; 결국 일본은 지금까지도 1910년 한국 강제병합에 대해 국제법상 하자가 없다거나, 도덕적으로 일부 문제가 있더라도 병합 자체는 유효하다는 입장을 고수해 오고 있다. 도시환(2010. 2), 「1910년 한일병합조약의 국제법적 재조명」, 『외법논집』 제34권 제1호, 356~357쪽.

[3] 2010년 한일강제병합 100년을 맞는 시점에서야 한일지식인에 의한 '1910년 '한일병합조약'의 원천무효' 선언이 천명될 수 있었던 맥락에서 볼 때, 한일강제병합을 합법이라는 전제에서 출발하고 있는 일본 정부가 체결하고자 한 '1965년 한일협정'이라는 것은 태생적으로 어느 시점에서든 재검토를 요하는 한계에 봉착할 수밖에 없으며 한일역사갈등의 맹아(萌芽)를 배태하는 것에 다름 아닌 것이다. 도시환(2011. 11), 「한일청구권협정의 국제법적 문제점에 대한 재조명」, 『외법논집』 제35권 제4호, 306쪽.

그것은 2011년 8월 30일 대한민국 헌법재판소가 일본군 '위안부' 및 원폭 피해자의 배상문제와 관련하여 '한일청구권협정' 제3조상의 외교교섭이나 중재에 정부가 적극적으로 나서야 하는[4] 작위의무 위반에 대해 내린 위헌 결정[5]과 지난 5월 24일 대한민국 대법원이 12년간에 걸친 일제 강제징용 피해배상 소송에서 불법인 일제강점기의 강제동원 자체를 합법으로 보는 일본 판결이 우리 헌법의 핵심적 가치와 정면으로 충돌하므로 그 효력을 승인할 수 없다는 판결을 통해 1910년 원천무효인 강제병합을 통한 불법적인 식민지배에 따른 배상책임이 일본에게 존재함을 분명히 천명하였다는 사실이다.

따라서 이 글에서는 2015년 한일협정 체결 50년을 앞둔 시점에서 '식민지' 책임이라는 관점에서 한일조약체제를 다섯 시기로 구분하여, 1910년 한일병합조약체제, 1951년 대일강화조약체제, 1965년 한일협정체제, 2010년 한일강제병합 100년에 즈음하여 한일지식인에 의한 '1910년 한일병합조약 원천무효'라는 공동성명을 기점으로 한 '식민지' 책임 판결 체제, 그리고 남겨진 역사적 후속과제로서 2015년 한일협정 50년 체제 등으로 구분하여, 각 체제상의 문제점과 극복방안에 대해 재조명해 보고자 한다.

---

[4] 도시환(2011. 8. 12), 「한일청구권협정의 국제법적 재검토」, 『한일협정의 국제법적 문제점에 대한 재조명』(동북아역사재단, 한일강제병합 100년 역사와 과제 재조명 국제학술회의), 85쪽.
[5] 「대한민국과 일본국 간의 재산 및 청구권에 관한 문제의 해결과 경제협력에 관한 협정 제3조 부작위 위헌확인 결정」(헌재 2011.08.30, 2006헌마788, 공보 제179호, 1285); 헌재 "정부, 위안부 – 원폭 피해 방치는 위헌", 《동아일보》(2011. 8. 31), 정치 A 1면.

II. '식민지' 책임의 관점에서 본 한일조약체제

1. 1910년 한일병합조약체제와 '식민지' 책임[6]

1995년 8월 15일 무라야마 도미이치[村山富市] 일본 총리는 아래와 같은 내용의 담화를 발표, 식민지 지배에 대한 반성과 사죄를 표명하였다.

> 우리나라는 멀지 않은 과거의 한 시기, 국가정책을 그르치고 전쟁에의 길로 나아가 국민을 존망의 위기에 빠뜨렸으며 식민지 지배와 침략으로 많은 나라들 특히 아시아 제국의 여러분들에게 다대한 손해와 고통을 주었습니다.

---

[6] 국제법상 '식민지' 책임과 관련하여 1960년의 '식민지 독립부여선언'을 보게 되면, '식민지'는 "기본적인 인권이 부정되고, 외국에 의한 정복, 지배 및 착취(The subjection of peoples to alien subjugation, domination and exploitation constitutes a denial of fundamental human rights)하에 종속된 인민과 그들이 거주하는 토지"로 정의된다. UN총회결의 1514 (XV) of 14 December 1960; 2001년 8월 31일부터 9월 8일에 걸쳐 남아프리카공화국 더반에서 개최된 '인종주의, 인종차별, 외국인 배척과 관련 불관용에 반대하는 세계회의(World Conference against Racism, Racial discrimination, Xenophobia and Related Intolerance)'에서는 남아프리카공화국과 아프리카 국가들의 요청에 따라 더반 선언문 13장, 14장에 노예주의가 인도에 반하는 범죄였으며, "식민주의는 인종주의, 인종차별, 외국인 혐오증과 관련된 편협성을 조장했다"고 주장하였다. 더반선언은 식민지책임과 관련하여 "식민주의가 인도에 반하는 범죄로 규정되지는 않았으나, 인종주의로 가는 원인을 제공함으로써 남아공 인종차별, 집단 학살 같은 반인류적 범죄의 요인이 되었다"고 지적하였다. 武者小路公秀(2009. 6. 22), 「日韓「倂合」の不法性と歷史的敎訓」, 『일본의 한국병합 효력에 대한 국제법적 재조명』(동북아역사재단 국제학술회의), 41쪽; '식민지' 책임과 관련하여, 시미즈 마사요시[淸水正義] 교수는 '식민지 책임'을 "타국·타지역의 영토·영역을 침범하고, 자국 영토화하고, 혹은 자국 권익 하에 두거나 내지는 자국의 경제적 세력권 하에 편입시켜, 그에 의하여 식민지 주민에게 심대한 피해를 입힌 것에 대한 책임"으로 정의한다. 박배근(2012. 6. 22), 「영토문제와 식민지책임의 관점에서 본 독도」, 『한일협정체제와 「식민지」책임의 재조명』(동북아역사재단 국제학술회의), 161쪽 참조.

저는 미래에 잘못이 없도록 하기 위하여 의심할 여지도 없는 이와 같은 역사의 사실을 겸허하게 받아들이고 여기서 다시 한 번 통절한 반성의 뜻을 표하며 진심으로 사죄의 마음을 표명합니다."7)

그러나 무라야마 총리 이후 일본 정부의 반복되는 사죄에도 그것이 진정성을 가진 것으로 받아들여지지 않고 있는 것은 사죄가 정치적인 수사에 불과할 뿐만 아니라, '식민지' 책임과 같은 본질적인 문제와 개인 피해자들을 도외시한 채,8) 국제정치 역학관계를 중심으로 전후처리9)를 해 온 결과이기 때문이라는 비판을 받고 있다.10)

---

7) 무라야마 담화의 내용에 대해서는 村山富市(2009), 『村山談話とは何か』, 東京: 角川文庫; 무라야마 담화의 원문은 일본 외무성 홈페이지(http://www.mofa.go.jp/mofaj/press/danwa/07/dmu_0815.html)에 게시된 「戰後50周年の終戰記念日にあたって」(いわゆる村山談話) 참조.
8) 무라야마 담화는 일본 외무성 종합외교정책국의 주도하에 추진된 것으로 포괄적인 반성과 사죄는 표명하되 일본군 '위안부' 문제를 포함한 모든 배상과 재산·청구권 문제는 법적으로 모두 해결되었고, 정부가 개인보상은 하지 않는다는 내부 방침을 전제로 한 것이었다. 服部龍二(2007), 「村山談話と外務省-戰後50周年の外交」, 田中努 編, 『日本論: グローバル化する日本』, 中央大學出版部, 79~84쪽.
9) 일본의 아베 신조[安倍晋三] 전 총리는 재임 시(2006~2007) 일본군 '위안부'의 강제연행 부정, 애국심 교육 강화라는 명목하에 교육기본법을 개정해 역사 교과서 왜곡을 제도화하는 등 '과거사 반성 담화'를 국제역학관계에 따른 진정성이 결여된 정치적 수사에 불과한 것으로 퇴행시켰을 뿐만 아니라, 8월 28일자 《산케이신문》과의 인터뷰에서 재집권 시 정책과 관련해 첫째, 1982년 8월 역사 교과서 왜곡 파동 시 미야자와 기이치[宮澤喜一] 당시 관방장관이 "교과서 기술 시 한국·중국 등 근린제국의 비판에 충분히 귀를 기울이겠다"고 밝힌 미야자와 담화, 둘째, 1993년 8월 고노 요헤이[河野洋平] 당시 관방장관이 일본군 '위안부'에 대한 일본군 관여와 군의 강제연행을 인정한 고노담화, 셋째, 1995년 8월 무라야마 도미이치[村山富市] 당시 총리가 전후 50년을 맞아 식민지 지배와 침략에 대해 총체적인 사죄와 반성의 뜻을 표명한 무라야마 담화 등 모든 담화를 수정할 필요가 있으며, 그 이유로 "주변 국가에 대한 과도한 배려는 결국 진정한 우호로 연결되지 않았다"는 언급에서 역사인식의 본질을 읽을 수 있다. "아베 전 총리 '재집권 땐 식민지배 사죄 등 모든 담화 수정'", 《경향신문》(2012. 8. 29), 8면 참조.

한편, 1910년 '한일병합조약'과 관련하여 시제법, 즉 그 당시의 국제법에 입각하여 조약체결이 적법이라는 전제하에 유효부당론[11]을 주장해 온 대표적인 역사학자인 운노 후쿠쥬[海野福壽] 교수는 식민지 지배 등 과거사 청산과 관

---

10) 무라야마 총리 담화의 배경과 한계에 대한 비판은 다음과 같다. 무라야마 담화의 배경으로는 일본 정부가 '가해자'로서의 전쟁책임을 적극 인정하게 된 것이 종전 50년이란 역사의 전환점을 맞아 사회당 총리로서 독자적인 색채를 보이려는 무라야마 도미이치 총리의 의지가 작용한 반면, 당시 시마무라 요시노부[島村宜伸] 신임 문부상의 침략을 부인하는 망언으로 빚어진 파문을 수습하려는 의도가 기저에 놓인 것으로 분석된다. 한편, 담화 발표 후 가진 기자회견에서 무라야마 총리가 한국과 중국 등의 일본군 '위안부'와 강제징용자 등 전쟁피해자에 대한 일 정부의 개인배상의무를 부정함으로써 한계와 논리적 모순을 동시에 보여주었다. 이에 대해 가모 다케이코[鴨武彦] 동경대학 교수는 "과거 국책을 그르쳐 아시아 각국에 희생을 안겨주었음을 인정하면서도 피해보상을 위해 어떤 정책을 시행할 것인지를 밝히지 않은 것은 논리적 모순"이라며 총리 담화를 '과거지향적이며 미래의 행동지침이 결여된 내용'이라고 비판했다. "日총리, '사과의 심정 표명'", 《동아일보》(1995. 8. 16), 1면; 사카모토 요시카즈[坂本義和] 동경대학 명예교수는 무라야마 담화의 한계와 관련하여 본질적인 문제점으로 식민지배의 무효화나 천황에 대한 책임추궁의 부재를 지적하고 있다. "'비핵공동체' 전제돼야 '동아시아 공동체' 가능", 《한겨레신문》(2009. 9. 18), 4면.

11) 1910년 '한일병합조약'의 유·무효에 대한 국제법적 평가와 관련하여서는 법철학적 명제로서 국제법상의 적법성(legality)과 정당성(legitimacy)의 관계에 관한 법리를 중심으로 세 가지 견해로 구분되고 있다. 첫째, 1910년 병합 당시의 일본인의 인식이자 1965년 사토 에이사쿠[佐藤榮作] 내각과 현재 자민당 우파가 이어받고 있는 견해로 병합이 동양평화를 위한 것으로 도덕적으로나 법적으로 아무런 문제가 없으며, 양국 간 자유의지와 평등을 기초로 적법한 절차에 따라 병합조약이 체결되었다는 '합법론', 둘째, 1995년 무라야마 도미이치 내각에서 출발하여 오늘날 일본의 다수학자·정치가의 견해로, 합법론에서의 침략에 대한 도덕적·윤리적 책임은 있으나 법적으로는 문제가 없다는 입장으로 즉, 병합이 국제적 정의와 도덕의 근본원칙상 비난의 논쟁은 차치하더라도, 당시 실정법이 금지하지 않는 행위였다는 '유효부당론', 셋째, 2010년 한일지식인 공동선언에서와 같이 병합조약 자체가 무력에 의한 강제와 황제의 조약 불승인 등 요건불비에 따른 불법·무효라는 '불법론'으로 대립되고 있다. 도시환(2010. 2), 앞의 논문, 356~357쪽; 그러나 2010년 간 나오토 내각의 시각 역시 유효부당론의 연장선상에 있다. "1910 Korea-Japan Annexation Treaty Invalid," *Korea Times*(2010. 8. 12), Interviewed by See-hwan Doh, p. 1.

련하여 다음과 같이 언급하고 있다.

> 군대위안부·강제연행 등 식민지 지배하에서 일본이 범한 수많은 위법행위에 대해서는, 법적 심판을 통해 정의를 회복하지 않으면 안 된다. 그러나 '불법적인 식민지 지배'와 '합법적인 식민지 지배'를 구분한 채, 전자에 대해서만 책임이 있다고 주장한다면, 그것은 오늘날 세계적인 규모로 우리들에게 요구되고 있고, 제2차 세계대전의 전후처리가 외면해 버린, 식민주의의 해체와 극복이란 과제에 답할 수 없기 때문이다. 나는 그런 것이 아니라, '불법'이건 아니건 사람이 다른 나라 사람의 의사를 지배하고 민족이 타민족을 종속시켰다는 의미에서, '부당한' 식민지 지배―정당한 식민지 지배는 없다―에 대해 구식민국·종주국은 깊은 반성에 근거한 사죄와 배상을 행하는 것이 '과거의 청산'이라고 생각한다.[12]

아울러, 그의 논문 말미에 비슷한 생각이라면서 이태진 교수의 언급[13]을 인용하고 있다.

> 대한제국의 국권침탈과정에서 저질러진 기만과 강제, 35년간 잔혹을 극한 '식민지' 통치의 과오 등에 대한 일본국가의 법적 인정과 이에 대한 실천적 표현으로서의 배상금 지불이 어떤 형태로든 이루어지지 않는 한, 한·일 양국의 장래는 결코 밝지 않을 것이다.

그것은 양국 간의 과거사를 진실에 입각해 해결점을 찾아야 한다는 주장이 더 많은 배상금을 받아내려는 의도가 아니며 진실을 존중하여 불법성을 인정한다면 배상금 문제는 다른 차원에서 해결점을 얻을 수도 있다는 것이다. 예

---

12) 海野福壽(1999. 10), 「韓國倂合の歷史認識―李敎授「韓國倂合不成立論」を再檢討する」, 『世界』 제666호, 261~262쪽 참조; 李泰鎭(2001), 『한국병합, 성립하지 않았다』, 서울: 태학사, 152~153쪽.
13) 海野福壽(1999. 10), 위의 논문, 274쪽; 이태진(2001), 위의 책, 74~75쪽.

컨대 한국 정부에 대한 일본의 국가 차원의 배상금은 1965년 한일협정[14]에 따라 지불된 '경제협력금'을 '독립축하금'이 아니라 '배상금'으로 고쳐 밝히는 선에서 끝내고, 개인에 대한 피해배상과 북한에 대해서는 원칙적으로 해결하는 방안[15]같은 것이 제시될 수도 있을 것이기 때문이다.

그러나 운노 후쿠쥬 교수가 자신의 저서[16]에서 제2차 한일협약의 경우, 국가 대표자에 대한 강박이 있었던 점은 명백하다고 보면서도 조약체결 절차 및 형식상의 하자에 대해서는 모두 부정하며, 그러한 전제에서 병합조약은 법적으로 유효하게 체결되었다고 주장하는 것은 의문이지 않을 수 없는 것이다.[17]

그러한 운노 후쿠쥬 교수의 주장과 관련하여 동·서양을 대표하는, 특히 그 당시 일본에서의 국제법 관련 저술에서도 전권위임장이 없거나 비준서가 없는 조약은 무효임을 공통적으로 서술하고 있음이 확인되고 있다.[18] 따라서

---

14) 이와 관련 전후 1965년에 한일 간에 체결된 한일협정은 일제 식민지 35년 기간 중 침략행위는 국제법 위반이며, 이에 대한 사죄 및 국제법적 책임인정을 전제로 한 협정으로 보기 어렵다는 것이다. 1951년에 시작되어 1965년에 체결된 동 협정의 협상과정을 분석해 보면 일본은 국제법적 책임을 인식하기보다는 경제적으로 어려운 한국에게 '독립축하금' 내지 '경제협력기금'에 비중을 두고 있다. 이장희 편저(1998), 「한일청구권 협정의 재검토와 개정방향」, 『한일간의 국제법적 현안과제』, 아시아사회과학연구원, 50~51쪽; 협상 당시 일본 측 대표는 한국 측이 '청구권'이라는 용어만 철회한다면 한국이 요구하는 청구액을 모두 들어 주겠다는 공언 등에서 그들의 속셈을 읽을 수 있다. 이도성 편저(1995), 『실록 박정희와 한일회담』, 서울: 도서출판 한송, 147~151쪽.
15) 이태진(2001), 앞의 책, 74쪽.
16) 海野福壽(2000), 『韓國倂合史の硏究』, 東京: 岩波書店, 240~246쪽.
17) 和田春樹 교수는 海野福壽 교수의 식민지 지배에 대한 인식과는 달리 병합조약의 체결절차 및 형식상의 하자를 부정하고 법적 유효성을 주장하는 견해의 모순에 대해 비판하고 있다. 和田春樹(2010. 1), 「韓國倂合100年と日本人」, 『思想』 제1029호, 東京: 岩波書店, 249쪽.
18) J. C. Bluntschli(1872), *Das moderne Völkerrecht der civilisierten Staten*,

1910년 당시 국제법의 기준에서도 '한일병합조약'은 조약체결의 형식과 절차상의 하자로 인해 무효임이 명백한 것이다.

1910년 '한일병합조약'의 국제법상 문제점[19]은 다음과 같다.

첫째, 1965년 한일기본관계조약 제2조상의 구조약의 실효시기와 관련하여, 무효시점은 강제병합 자체가 불법에 해당하므로, 1910년 병합조약 체결시점부터 효력이 존재하지 않는다.

둘째, 일본의 무력시위와 위협 등 강박에 의한 조약 체결, 조약 정본상 황제의 서명 날인 누락, 조약에 대한 비준서가 없는 점 등 국제법상 조약으로서 무효사유에 해당한다.

셋째, 일본이 주장하는 법적 판단의 기준으로서 병합 당시의 시제법에 입각할 경우에도, 당시의 국제관습법을 내용으로 하는 일본과 서양의 대표적 국제법 개설서의 조약법 역시 조약체결 형식과 절차상 전권위임장이 없거나, 비준서가 없는 조약은 무효사유임을 명시하고 있다.

Nördlingen: C. H. Beck'schen Buchhandlung, p. 240; Theodore D. Woolsey (1874), *Introduction to the Study of International Law*, p. 184; L. Oppenheim (1905), *International Law, A Treatise*, Vol. I *Peace*, London, New York and Bombay: Longmans, Green, and Co., pp. 528~533; William Edward Hall(1890), *A Treaties on International Law*, 3th ed., Alexander Pearce Higgins ed., Oxford: Clarendon Press, pp. 327~328; 秋山雅之助(1893), 『國際公法完』, 東京: 有斐閣書房, 139~140쪽; 倉知鐵吉(1899), 『國際公法完』, 東京: 日本法律學, 193~194쪽; 有賀長雄(1901), 『國際公法完』, 東京: 東京專門學校出版部, 419쪽; 立作太郎(1913), 『平時國際公法下』, 東京帝國大學講義, 謄寫版, 180쪽; 박배근(2009. 6. 22), 「시제법적 관점에서 본 조약체결의 형식과 절차-한국병합 관련 '조약' 유무효론 평가를 위한 일고」, 『일본의 한국병합 효력에 대한 국제법적 재조명』(동북아역사재단 국제학술회의 자료집), 352쪽 참조.

19) 도시환(2011), 「1910년 한일병합조약의 국제법적 재조명」, 『1910년 한일병합조약의 역사적·국제법적 재조명』, 아시아사회과학연구원, 65~80쪽.

넷째, 본질적으로 '절대무효'인 조약이 제3국의 승인으로 법적 유효성 여부가 변경될 수 없으며, 그에 대한 제3국의 승인은 어떠한 법적 효과도 갖지 못한다.

다섯째, 일본 정부가 조약의 합법성을 주장한다 하더라도 불법적인 일제강점을 통한 '식민주의 범죄'[20]는 인도와 평화에 반하는 범죄에 해당한다.

2. 1951년 대일강화조약체제와 '식민지' 책임

올해는 제2차 세계대전 이후 전승국인 미국을 비롯한 연합국과 패전국인 일본 간에 1951년 9월 8일 체결된 '대일강화조약(Treaty of Peace with Japan; San Francisco Peace Treaty with Japan of 1951)'이 1952년 4월 28일 발효된 이래 60년이 되는 해이다. 대일강화조약은 체결 당시부터 일본의 전후배상 책임의 청산을 위한 조약인데도 그 본질상 동아시아에서의 냉전체제 구축을 위한 조약이라는 상반된 평가를 받아 왔다.[21]

---

[20] 이와 관련하여 무샤코지 긴히데[武者小路公秀] 교수는 2001년 남아프리카공화국 더반(Durban)에서 개최된 반인종차별세계총회에서 제시된 '식민주의 범죄(The Crime of colonialism)'라는 개념의 정립이 필요함을 역설하고 있다. 武者小路公秀(2009. 6. 22), 앞의 논문, 41쪽; 상세한 내용은 도시환(2010. 2), 앞의 논문, 362~363쪽; See-hwan Doh(2009. 7. 10), "1910 Annexation Treaty Invalid," *Korea Times*, p. 7 참조.

[21] 도시환(2011. 11. 24), 「샌프란시스코조약상의 영토규정과 독도영유권의 국제법적 함의」, 『독도문제에 대한 국제법적 해결방안 모색』(아시아사회과학연구원, 제52회 학술시민포럼), 65쪽; 吉田裕(1995), 『日本人の戰爭觀』, 東京: 岩波書店, 70쪽; 강상중 동경대학 교수는 제2차 세계대전과 식민지 지배의 전후처리와 관련하여 얄타회담에서 동경재판, 샌프란시스코강화조약에 이르는 과정에서의 문제점으로, 전후 냉전체제의 고착화와 병행해 진행된 점과 그 배경으로서의 미국의 대아시아 냉전전략의 존재라는 전제에서 최근 한·일, 중·일 간 영토분쟁의 遠因이자 배후 당사자로 미국

1945년 제2차 세계대전 종전 당시 미국의 동아시아 정책은 일본을 약화시키고 소련·중국과 더불어 평화체제를 구축하는 것이었다. 그러나 전후 소련의 팽창정책과 동유럽권 공산화, 중국에서의 공산당 정권의 집권, 한국전쟁의 발발 등에 직면하자, 미국은 일본을 냉전체제의 동반자이자 공산권 봉쇄의 일원으로 재편하는 정책으로 전환했다.[22] 구체적인 실례가 1951년 9월 8일 미국과 일본이 체결한 '대일강화조약'[23]과 '미일안전보장조약'[24]으로, 미국은 그 연장선상에서 한국과 일본이 국교를 수립하여 지역협력체제를 구축하도록 권고하였다. 한국과 일본이 1951년 10월부터 한일회담을 시작한 것은 미국의 이러한 의도를 반영한 것이었다.[25]

　　그러나 대일강화조약은 동아시아 각국의 반발로 인해 동 조약 제14조에 '배상주의'를 명문화했음에도 일본의 지불능력을 고려한 역무배상의 허용으로 피해국들을 경제적으로 예속화시켰으며 전쟁피해에 대한 책임으로서의 배

　　을 지목하고 있다. 강상중(2012. 9. 20), "전후 민주주의 벗어던지는 일본, 어디로 가나", 《경향신문》, 29면.

[22] 그러한 전제에서 대일강화조약은 그 유례를 찾기 어려울 정도로 패전국에게 관대한 평화조약이었다는 비판을 받고 있다. 이근관(2009), 「샌프란시스코 강화조약 및 대이탈리아 강화조약의 연구」, 『한일간 역사현안의 국제법적 재조명』, 동북아역사재단, 369쪽.

[23] 일본은 1951년 대일강화조약을 체결한 이래, 1952년 8월 IBRD, 1955년 9월 GATT, 1956년 12월 18일 UN의 회원국으로 가입하면서, 자본주의 세계로의 신속한 진입 및 세계체제 속에서 확고한 지위를 획득해 갈 수 있었다. 홍인숙(1995), 「한일회담에 대한 미·일의 구도와 대응」, 『역사비평』 통권 30호(1995년 봄호), 26쪽.

[24] 일본은 미국과 1951년 9월 8일 미일안전보장조약을 체결, 1952년 4월 28일부터 발효한 동 조약을 통해 미국으로부터 국가안보를 보장받게 되자 전후 재건에 매진하게 되었으며, 한국전쟁을 계기로 성장의 발판을 마련하였다. 강태훈(2000), 『일본 외교정책의 이해』, 오름, 13~24쪽.

[25] 정재정(2006), 「한일국교정상화조약, 무엇이 문제인가」, 『한일관계 2천년: 근현대』, 경인문화사, 240쪽.

상에 대한 기본적인 인식의 부재뿐만 아니라 가장 큰 피해국으로서의 한국과 중국이 배제된 문제점을 안고 있다. 또한 동 조약을 전제로 한 일본과 동아시아 각국의 양자조약은 동아시아의 경제성장을 부분적으로 촉진하였으나 본질적으로는 냉전질서하에서의 일본의 상품시장으로 재편하기 위한 목적에서 실시됨으로써[26] 개인에 대한 배상 문제가 전혀 논의되지 못한 한계를 노정하고 있는 것이다.

1965년 한일협정의 부속서의 하나인 한일청구권협정 제2조 제1항 규정에 언급된 대일강화조약 제4조 (a)와 관련 규정을 일별하면 다음과 같다.

- 1951년 대일강화조약 제4조 (a): …… 일본국 및 그 국민의 재산으로서 제2조에 규정된 지역에 있는 것 및 …… 청구권(채권을 포함)으로서 실제로 이들 지역의 시정을 행하고 있는 당국 및 그 주민(법인 포함)에 대한 것의 처리와, 일본국에서의 이들 당국 및 주민의 재산과 일본국 및 그 국민에 대한 이들 당국 및 주민의 청구권(채권 포함)의 처리는 일본국과 이들 당국 사이의 특별협정의 주제로 한다.
- 대일강화조약 제2조 (a): 일본은 한국의 독립을 인정하고 제주도, 거문도 및 울릉도를 비롯한 한국에 대한 모든 권리와 소유권 및 청구권을 포기한다.[27]
- 대일강화조약 제14조 (a): 일본의 전쟁 중 일본에 의해 발생된 피해와 고통에 대해 연합국에 배상을 해야 한다는 것은 주지의 사실이다. 그럼에도, 일본이 생존가능한 경제를 유지하면서, 그러한 모든 피해와 고통에

---

26) 小林英夫(1995), 「日本の東南アジア賠償」, 『季刊 戰爭責任研究』 10號(1995, 冬季), 日本戰爭責任資料センター, 10~14面.
27) Article 2 (a) Japan, recognizing the independence of Korea, renounces all right, title and claim to Korea, including the islands of Quelpart, Port Hamilton and Dagelet.

대한 완전한 배상을 하는 동시에, 다른 의무들을 이행하기에는 일본의 자원이 현재 충분하지 않다는 것 또한 익히 알고 있는 사실이다.
(b) 연합국은 본 조약에 특별한 규정이 있는 경우를 제외하고 연합국의 모든 배상청구권과 전쟁 수행 과정에서 일본 및 그 국민이 자행한 어떤 행동으로부터 발생한 연합국 및 그 국민의 다른 청구권 그리고 점령에 따른 직접적인 군사적 비용에 관한 연합국의 청구권을 포기한다.

전후배상과 관련한 대일강화조약 제14조 (a)에 "일본국은 전쟁 중에 발생시킨 손해 및 고통에 대해서 연합국에 배상을 지불해야 함이 승인된다"고 하여 일본과 교전상태에 있었던 연합국 측에 대한 배상규정이 만들어졌다. 그러나 본 조약에는 일본의 식민지배의 청산에 대한 규정 자체가 없음을 지적하지 않을 수 없다.

더욱이 한국이 이 조약에 서명할 수 없었던 이유에 대해서 한국이 연합국이 아니었다는 일본의 주장과 동 조약의 기초에 관여했던 미국과 영국은 중국의 대표권문제, 전후의 식민지 처리문제 등의 미소냉전과 미영 간의 이해관계를 고려하여 한국의 동 조약 서명을 부정하게 되었는데, 그 배경에는 식민통치를 합법적인 것으로 보는 제국의 논리가 놓여 있었던 것이다.[28)] 요컨대, 한국의 대일강화조약 서명을 용인하는 것은 일본의 식민통치의 합법성을 부정하는 것으로 이어지게 되고, 그렇게 되면 구미의 식민통치 자체를 부정하는 논의가 분출될 우려가 있었던 것이다. 미국과 영국은 그러한 사태를 회피할 필요가 있었던 것이다. 때문에 대일강화조약은 식민주의의 지속을 용인하게 된 것이다. 그리고 평화조약 제4조 (a)의 규정을 토대로 해서 한일재산청구권 교섭이 행해져 1965년 청구권 및 경제협력협정이 체결되었다. 실제로 재산청

---

28) 이에 대한 상세한 연구로는 金民樹(2000. 12), 『對日講和條約と韓國參加問題』, 修士學位論文, 東京大學大學院綜合文化硏究科 참조.

구권 교섭의 과정을 보면 식민지배의 청산이라는 입장에서 행해진 적은 한 번도 없었던 것이다.[29]

대일강화조약의 국제법적 효력과 관련하여 한국은 대일강화조약의 체약당사국이 아니며, 대일강화조약은 비체약국에 대한 권리부여를 허용하지 않고 있다.[30] 따라서 동 조약의 비체약국인 한국으로서는 전후배상 및 영토조항의 해석과 관련하여 조약의 제3자적 효력의 문제가 제기되게 된다. 국제법상 조약은 원칙적으로 체결 당사국 간에만 법적 효력을 갖게 되며 제3국의 동의 없이는 어떠한 권리의무도 창설할 수 없기 때문이다.[31]

---

[29] 太田修(2008), 「財産請求權問題の再考 – 脱植民地主義の視角から」, 笹川紀勝・李泰鎮 編, 『國際共同研究 韓國併合と現代 – 歴史と國際法からの再検討』, 明石書店, 696~717쪽.

[30] 샌프란시스코강화조약 제25조: 본 조약의 적용상 연합국이란 일본과 전쟁하고 있던 나라들이나 이전에 제23조에 명명된 나라의 영토의 일부를 이루고 있었던 어떤 나라를 말한다. 다만 각 경우 관련된 나라가 본 조약에 서명하여 본 조약을 비준하는 것을 조건으로 한다. 본 조약은 제21조의 규정에 따라 여기에 정의된 연합국이 아닌 나라에 대해서는 어떠한 권리나 소유권 또는 이익도 주지 않는다. 아울러 본 조약의 어떠한 규정에 의해 앞에서 정의된 연합국이 아닌 나라를 위해 일본의 어떠한 권리나 소유권 또는 이익이 제한되거나 훼손되지 않는다. Article 25 For the purposes of the present Treaty the Allied Powers shall be the States at war with Japan, or any State which previously formed a part of the territory of a State named in Article 23, provided that in each case the State concerned has signed and ratified the Treaty. Subject to the provisions of Article 21, the present Treaty shall not confer any rights, titles or benefits on any State which is not an Allied Power as herein defined; nor shall any right, title or interest of Japan be deemed to be diminished or prejudiced by any provision of the Treaty in favor of a State which is not an Allied Power as so defined.

[31] 조약법에 관한 비엔나협약 제34조: 조약은 제3국에 대하여 그 동의 없이는 의무 또는 권리를 창설하지 아니한다. 제35조: 조약의 당사국이 조약규정을 제3국에 대하여 의무를 설정하는 수단으로 의도하며 제3국이 서면으로 그 의무를 명시적으로 수락하는 경우에는 그 조약의 규정으로부터 그 제3국에 대하여 의무가 발생한다.

먼저 한일청구권협정의 대상범위와 관련하여, 대일강화조약 제4조 (a)항의 정확한 해석은 한국이 동의할 경우, 한일 양국은 동 조약 제4조 (a)항이 주제로 하고 있는 재산 및 청구권 문제에 관하여 협의할 법적 의무를 진다는 것뿐이다. 전쟁배상문제를 규정한 제14조의 적용대상에서 한국이 제외되었다고 하여 자동적으로 한국의 여타 권리주장이 법적으로 금지되었다는 결론은 나올 수 없다. 대일강화조약은 한일회담 개시를 촉진한 정치적 계기였다고 해석함이 보다 정확하며, 또한 동 조약 제4조가 한일 간 청구권협상 개시의 계기로 작용하였다고 하여도, 그 후 양국 간의 협상대상이 제4조상의 주제로만 한정되어야 한다는 논리는 성립하지 않는다. 제4조에 규정된 주제만을 논의의 대상으로 할 것인가, 아니면 국교정상화에 따른 그 이상의 문제도 아울러 협상할 것인가는 전적으로 양 주권국가가 결정할 문제인 것이다.[32]

다음으로 독도 영유권과 관련하여, 동 조약 제23조는 조약의 비체약국들이 동 조약에 근거하여 분쟁 도서에 관한 어떠한 권리를 주장할 수 있는 여지를 전적으로 제한하고 있다.[33] 조약의 제3자적 효력[34] 문제와 동일한 연속선상

---

[32] 정인섭(1994. 6), 「1965년 한일청구권협정 대상범위에 관한 연구」, 『성곡논총』 제25집 상권, 514~515쪽.
[33] 샌프란시스코조약 제23조 (a): 본 조약은 일본을 포함하여 본 조약에 서명하는 나라에 의해 비준된다. 본 조약은 비준서가 일본에 의해 그리고 호주, 캐나다, 실론, 프랑스, 인도네시아, 네덜란드, 뉴질랜드, 필리핀, 영국과 북아일랜드, 그리고 미국 중 가장 중요한 점령국인 미국을 포함한 과반수에 의해 기탁되었을 때 그것을 비준한 모든 나라들에게 효력을 발한다. Article 23 (a) The present Treaty shall be ratified by the States which sign it, including Japan, and will come into force for all the States which have then ratified it, when instruments of ratification have been deposited by Japan and by a majority, including the United States of America as the principal occupying Power, of the following States, namely Australia, Canada, Ceylon, France, Indonesia, the Kingdom of the Netherlands, New Zealand, Pakistan, the Republic of the Philippines, the United Kingdom of

에서 대일강화조약에 의해 규정된 영토처분의 효과가 '객관적 체제(objective regime)'의 형성, 즉 '모든 국가에 대항할 수 있는(erga omnes) 대세적 권리·의무'의 창설 효과 여부와 관련하여 논의의 대상이 된다. 그러나 대일강화조약의 경우에는 비체약국들에 대한 객관적 체제의 적용을 상정하고 있다고 해석하는 것은 동아시아의 영토처분에 대한 동 조약 작성자들의 의사에 부합하지 않으며, 또한 동 조약하에서의 영토처분의 대세적 효과에 대해서는 부정적인 것으로 보인다.35)

더욱이 독도 영유권과 관련하여 일본 정부는 대일강화조약 기초과정에서 "한국은 일본이 포기해야 할 영토에 독도를 포함시키도록 요구했으나, 미국은 독도가 일본의 관할하에 있다고 해서 이 요구를 거부했으며, 1951년 대일강

Great Britain and Northern Ireland, and the United States of America. The present Treaty shall come into force for each State which subsquently ratifies it, on the date of the deposit of its instrument of ratification.
샌프란시스코조약 제23조 (b): 일본이 비준서를 기탁한 후 9개월 이내에 본 조약이 발효되지 않는다면 본 조약을 비준한 나라는 모두 일본이 비준서를 기탁한 후 3년 이내에 일본 정부 및 미국 정부에 그러한 취지를 통고함으로써 자국과 일본 사이에 본 조약을 발효시키게 할 수 있다. Article 23 (b) If the Treaty has not come into force within nine months after the date of the deposit of Japan's ratification, any State which has ratified it may bring the Treaty into force between itself and Japan by a notification to that effect given to the Governments of Japan and the United States of America not later than three years after the date of deposit of Japan's ratification.

34) 1969년 조약법에 관한 비엔나협약 제36조(제3국에 대하여 권리를 규정하는 조약) ① 조약의 당사국이 제3국 또는 제3국이 속하는 국가의 그룹 또는 모든 국가에 대하여 권리를 부여하는 조약규정을 의도하며 또한 그 제3국이 이에 동의하는 경우에는, 그 조약의 규정으로부터 그 제3국에 대하여 권리가 발생한다. 조약이 달리 규정하지 아니하는 한 제3국의 동의는 반대의 표시가 없는 동안 있은 것으로 추정된다.

35) 同旨; 이석우(2002. 6),「독도분쟁과 샌프란시스코평화조약의 해석에 관한 소고」,『서울국제법연구』제9권 제1호, 127~129쪽 참조.

화조약에 일본이 그 독립을 승인하고 모든 권리, 권원 및 청구권을 포기한 '조선'에 독도는 포함되어 있지 않았다"고 주장하고 있다. 이에 대해 한국 정부는 1943년 12월 1일 카이로선언(Cairo Declaration)과 1945년 7월 26일 포츠담선언(Potsdam Declaration) 등을 비롯하여 1949년 11월 이전까지 작성된 대일강화조약의 기초문서에서, 미국은 독도를 한국의 영토로 인식하고 있었으며,36) 비록 1949년 12월 일본 주재 미국 정치고문 시볼드(William J. Sebald)를 통한 일본의 대미 로비로 인해 일본이 포기해야 할 영토에 독도가 적시되지는 않았지만 이는 독도보다 더 큰 무수한 한국의 도서들도 일일이 적시되지는 않았을 뿐만 아니라, 대한민국의 모든 도서들을 조약상에 명기할 수는 없으므로 이를 전제로 독도가 일본 영토로 인정받은 것으로 해석할 수는 없다고 보는 것이 타당할 것이다.

따라서 대일강화조약의 비체약국으로서 제3자적 효력에 의거하여 보게 되면, 한일청구권협정의 법적 근거가 대일강화조약 제4조였으므로 한일청구권협정상의 청구권37)은 보상적 청구권에 국한되었다는 단순논리 역시 성립되

---

36) Jon M. Van Dyke(2007), "Legal Issues Related to Sovereignty over Dokdo and Maritime Boundary," *Ocean Developement & International Law*, 38: 157~224; 1943년 카이로선언과 1945년 포츠담선언 등에서 일본이 폭력과 탐욕으로 약탈한 영토인 독도를 일본의 영역에서 분리하여 취급할 것을 명시하고 있다. 대일강화조약 제2조 (a)의 규정과 관련하여 기초문서의 내용을 분석하게 되면, 최초의 5개와 7번째의 초안은 제2조 (a)의 리스트에 포함되는 것으로 독도를 조선에 반환한다고 규정하고 있으나, 6·8·9 및 14번째 초안은 독도를 일본의 영토로 포함하고 있으며, 제10~13, 15~18번째의 초안은 최종안과 동일하게 독도에 대해 침묵하고 있다; 이와 관련한 상세한 내용은 정병준(2010), 『독도 1947』, 돌베개, 397~550쪽, 제5장 미국의 대일평화조약 초안과 독도인식(1947~1951) 참조.

37) 한일회담 과정에서 "한국은 청구권이란 용어를 법적 근거 하에 일본에 대하여 요구할 수 있는 실체적 권리를 총칭하는 의미"로 사용하였으며 이른바 대일청구 8개요강은 그러한 청구권의 구체적 내용으로 제시된 것이었다. 그러나 조문화 과정에서 일본은

지 않으며, 독도 영유권과 관련하여 일본이 원용하는 대일강화조약 제2조 역시 한국이 비체약국이라는 점에서 객관적 체제를 전제로 한 대세적 효력과는 부합하지 않는다.

요컨대, 대일강화조약은 전후배상을 위한 조약의 본래 목적이 변질됨으로써 부분적으로 동아시아 피해국들의 경제성장을 촉진한 측면이 있으나 본질적으로는 냉전질서하에서 일본의 상품시장으로 재편하기 위한 목적에서 실시되었으며,[38] 개인에 대한 배상문제가 제외되었을 뿐만 아니라 '식민지' 피해국인 한국을 전후배상 조약의 당사국에서조차 배제시킴으로써, 역설적으로 '식민지' 책임이 그대로 남겨지게 된 것이다.[39]

3. 1965년 한일협정체제와 '식민지' 책임

1950년대 후반부터 미국 정부는 경기침체로 인해 동북아시아에서 지역협

'청구권'의 개념을 실체적 권리가 아니라 '클레임'을 제기할 수 있는 지위로서만 이해하여야 한다고 주장하였고 그러한 주장을 수용하는 방식으로 현재의 청구권협정 제2조가 작성된 것이라는 것이다. 이러한 사정에 따라 대한민국과 일본국 간의 재산 및 청구권에 관한 문제의 경제협력에 관한 협정에 대한 합의의사록(I) 2항 (a)는 "'재산, 권리 및 이익'이라 함은 법률상의 근거에 의거하여 재산적 가치가 인정되는 모든 종류의 실체적 권리를 말하는 것으로 양해되었다"는 명문의 규정을 두게 될 것이다. 박배근(2006), 「1965년 한일청구권협정과 개인의 청구권」, 『한일역사관련 국제법논문선집』, 동북아의 평화를 바른역사정립기획단, 329쪽.

[38] 小林英夫(1995), 앞의 논문, 14쪽.
[39] See-hwan Doh(2012. 6. 8), "Reexamination of the Japan's Post-War Reparations in East Asia in the Perspective of History and International Law" (「2012 DILA INTERNATIONAL CONFERENCE "ROLE OF INTERNATIONAL LAW IN PROMOTING COOPERATION AND RESOLVING CONFLICTS IN ASIA"」, National University of Singapore, Centre for International Law), p. 9.

력체제의 구축을 현실화시킬 필요성의 증대와 일본과의 협력체제를 통해 미국의 대아시아 원조의 부담을 경감하고자 하는 1960년대 미국의 대외원조정책 변화와 더불어 한일관계 개선에 중재자로서의 역할을 수행했다. 이에 미국 정부는 한일관계의 최대 쟁점이 되고 있는 청구권 문제의 처리에 정치적 타협을 권유하며 적극적으로 개입하였고, 일본의 한국에 대한 경제원조를 한국의 대일청구권 해결과 연계하는 경제협력방식을 제기하였다. 결국 1965년 한일협정은 자국의 경제적 부담을 경감하려는 미국의 의도, 전후 급격히 성장한 독점자본의 진출을 갈망한 일본의 요구, 그리고 불안정한 정권기반을 경제성장으로 만회하고자 했던 한국 정부의 이해관계가 일치하면서 경제협력방식으로 귀결되었다.[40]

따라서 대일강화조약과 한일협정의 체결 배경을 통해 다음과 같이 그 성격을 정리할 수 있을 것이다. 대일강화조약의 경우에는 일본의 제2차 세계대전에 대한 전후배상 책임의 청산을 위한 조약인데도 그 본질은 동아시아에서의 냉전체제 구축을 위한 조약이었다는 점이다.[41] 또한 한일협정의 경우에는 일본의 불법적인 식민통치로부터 유래하는 제반 문제를 청산, 처리하고 그러한

---

40) 이와 관련하여, 김창록(2005), 「한일기본조약과 청구권협정의 내용과 성격」, 『해방 후 한일관계의 쟁점과 전망』(경인문화사); 오오타 오사무 저, 송병권·박상현·오미정 역(2008), 『한일교섭-청구권 문제연구』(선인) 등 기존 연구의 경우 청구권 문제에 대한 접근 방식이 한일협정 조문에 나타난 청구권협정의 내용을 분석하고 이에 대한 한일 양국의 입장 차이를 분석함으로써 청구권협정에 대한 법적 해석과 정치적 의미를 검토하거나 민간인 보상 문제를 다룸으로써 일본의 전후처리 방식인 청구권협상이 어떻게 경제논리 속에서 처리될 수 있었는지에 대해 구체적으로 해명하지 못하는 한계를 지닌다는 지적이 있다. 이현진(2008. 12), 「한일회담의 청구권 문제의 해결 방식-경제협력 방식으로의 전환과정과 미국의 역할을 중심으로」, 『동북아역사논총』 제22호, 73~74쪽.
41) 도시환(2011. 11. 24), 앞의 논문, 65쪽; 吉田裕(1995), 『日本人の戰爭觀』, 東京: 岩波書店, 70쪽 참조.

토대 위에서 국교수립을 모색하는 내용이었어야 했는데도, 그러한 배상이나 식민지 지배에 대한 피해보상의 측면이 배제된 채 국가 간 경제협력을 위한 조약으로 처리된 점을 지적하지 않을 수 없는 것이다.[42]

1965년 한일청구권협정은 3개 조항으로 규정되어 있으며 다음과 같다.

- 한일청구권협정 제1조 제1항: 일본국은 대한민국에 대하여
  (a) 3억 아메리카합중국 불($ 300,000,000)……의 가치를 가지는 일본국의 생산물 및 일본인의 용역을 본 협정의 효력 발생일로부터 10년 기간에 걸쳐 무상으로 제공한다.
  (b) 2억 아메리카합중국 불($ 200,000,000)에 달하기까지의 장기 저리의 차관으로서, 일본국의 생산물 및 일본인의 용역을 대한민국이 조달하는 데 충당될 차관을 본 협정의 효력 발생일로부터 10년 기간에 걸쳐 행한다.
- 한일청구권협정 제2조 제1항: …… 청구권에 관한 문제가 1951년 9월 8일에 샌프란시스코 시에서 서명된 일본국과의 평화조약 제4조 (a)에 규정된 것을 포함하여 완전히 그리고 최종적으로 해결된 것이 된다는 것을 확인한다.
- 한일청구권협정 제2조 제3항: …… 일방체약국 및 그 국민의 재산, 권리 및 이익으로서 본 협정의 서명일에 타방체약국의 관할하에 있는 것에 대한 조치와 일방체약국 및 그 국민의 타방체약국 및 그 국민에 대한 모든 청구권으로서 동일자 이전에 발생한 사유에 기인하는 것에 관하여는 어떠한 주장도 할 수 없는 것으로 한다.
- 한일청구권협정 제3조 제1항: 협정의 해석 및 실시에 관한 양 체약국 간의 분쟁은 우선 외교상 경로를 통해 해결한다.
- 한일청구권협정 제3조 제2항: 1의 규정에 의하여 해결할 수 없었던 분쟁은 …… 중재위원회의 결정을 위하여 회부한다.

---

[42] See-hwan Doh(2011. 8. 31), "1910 Annexation and Remaining Task," *Korea Times*, p. 5.

그런데 1965년 한일협정체제가 대일강화조약체제의 하위체제[43]라는 전제하에 한국의 대일청구권 행사의 법적 근거를 대일강화조약 제4조 (a)항에 두고 한일청구권협정의 대상범위도 그에 한정된다고 보는 견해가 있다.[44] 또한 대일강화조약 제2조에 의거 독도는 한국에 반환되는 점령지 명단에서 제외되었음을 전제로 독도 영유권에 중대한 결락이 생겼음을 주장하는 견해도 있다.[45]

이러한 견해에서는 한일청구권협정의 대상범위와 관련하여 대일강화조약 제14조의 적용에서 제외되고 제4조의 적용만을 받게 되었다는 전제에서 한국으로서는 일본에 대하여 배상적 청구를 할 자격을 얻지 못하였으며, 단지 순수한 채권채무적 관계의 청구권만을 요구할 수밖에 없었다고 해석하고 있다.[46] 한국 정부 또한 "청구권문제와 관련하여 일제의 35년간 식민지적 통치의 대가로서 논의하는 일부의 의견은 이와 같은 한일 간의 청구권문제에는 배상청구를 포함시킬 수 없다는 근본적 입장을 인식하지 못한데서 일어나는 개념적 혼동"이라고 설명하고 있다.[47]

이에 대해 일본 정부는 "경제협력의 증진과 청구권문제의 해결은 동일한 협정의 내용으로 되어 있지만 …… 양자 사이에는 전혀 법률적인 상호관계는 존재하지 않는 것이다." 다시 말해 무상 3억 불은 권리문제의 해결을 위한 것

---

[43] 남기정(2008. 12), 「샌프란시스코평화조약과 한일관계-관대한 평화와 냉전의 상관성」, 『동북아역사논총』 제22호, 37쪽.
[44] 정일영(1965), 「한일회담의 계쟁점」, 대한민국 정부, 『한일회담 백서』, 254쪽.
[45] 허동현(2011. 8. 12), "독도와 동해 지킬 외교역량에 목마르다", 《서울신문》, 30면.
[46] 정일영(1965), 앞의 논문, 244~245쪽.
[47] 대한민국 정부(1965), 『한일회담 백서』, 41쪽. 1965년 청구권협정은 한국이 당사국이 아님에도 대일강화조약 제4조에 법적 근거를 두고 체결되었으므로, "청구권협정상의 청구권은 보상청구권을 뜻하는 것이며, 배상청구권은 이에 포함되어 있는 것이 아니다"라는 해석도 주장되고 있다.

이 아니라 어디까지나 '독립축하금' 혹은 '경제협력자금'[48)]이라고 해석해 왔다. 이러한 일본 정부의 해석은 '한일청구권협정'이 식민지 지배의 책임에 관한 것이 아니라는 입장의 연장선상에 위치하고 있음을 보여주고 있다.

더욱이 한일청구권협정에 의해 해결된 청구권의 범위와 관련하여, 한국 정부는 "영토의 분리·분할에서 오는 재정상 및 민사상의 청구권"이 해결되었을 뿐 "일제의 35년간 식민지적 통치의 대가"는 대상이 아니라는 입장을 밝힌 데 대해,[49)] 일본 정부는 한반도 지배에 관한 언급은 없이 "대일강화조약 제2조 (a)에서 규정하는 일본에 의한 조선의 분리·독립"에 관한 청구권이 해결된 것이라고 밝혀,[50)] 일제의 한반도 식민지배의 책임이 그대로 남겨져 미해결 상태임이 확인되고 있는 것이다.

한일청구권협정에서 '식민지' 책임과 관련하여 가장 논란이 되었던 부분은 개인청구권에 관한 문제다. 일본 정부는 한일청구권협정 제2조 제1항에 따라서 소멸된 것은 개인의 청구권이 아닌[51)] 국가의 외교보호권만으로 일관되게

---

48) 谷田正躬 外2 編(1966), 『日韓條約と國內法の解說』(『時の法令』別冊), 大藏省印刷局, 62쪽.
49) 대한민국 정부(1965), 앞의 책, 41쪽.
50) 谷田正躬 外2 編, 앞의 책, 61~62쪽; 김창록(2009), 「1965년 '한일조약'에 대한 법적 재검토」, 이태진·사사가와 노리가츠 공편, 『한국병합과 현대역사적 국제법적 재검토』, 태학사, 798~806쪽 참조.
51) 개인의 권리를 소멸시키지 못하고 외교적 보호권만을 포기할 수밖에 없었던 이유는 조약의 비준제도가 갖는 민주적 통제의 결과다. 일본은 헌법 제73조에서 內閣이 체결하는 조약에 관하여 원칙적으로 事前에 國會의 承認을 받도록 함으로써 비준 제도가 갖는 민주적 통제를 제도화하고 있다. 그러므로 일본 정부로서는 일본 국민의 권리를 소멸시키는 조약을 체결하는 경우에는 일본 국회의 승인을 얻지 못하게 되며, 그럴 경우 비준 절차가 완료되지 않음으로써 청구권협정 자체가 발효할 수 없게 될 것이라는 점을 충분히 인식하였을 것이다. 실제로 이미 언급한 바 있는 '일본과 대한민국 간의 조약 및 협정 등에 관한 특별위원회'에서 이시바시[石橋] 의원은 청구권협정이 일본 國民의 權利를 소멸시키는 것이 아닌가 하는 점을 강하게 따졌고 그에 대한 답변

주장하여 왔으며,52) 일본 정부나 일본 국민에 대하여 한국 국민이 가지는 '재산·권리 및 이익'은 일본의 국내적 입법조치인 법률 제144호의 제정을 통하여 소멸시키는 조치를 취하였다. 그리고 일본 국내법상으로 한국 국민의 그러한 권리를 소멸시키는 조치에 대하여 한국은 이의를 제기하지 않을 것을 청구권협정을 통해 약속하였는데, '외교적 보호권의 포기'가 구체적으로 의미하는 것이 바로 이러한 약속인 것이다.53)

그리고 최근 언론에 공개54)된 바 있는 1965년 당시 한일협정 체결 전후로 작성된 ① 1965년 4월 6일 '평화조약에서 국민의 재산 및 청구권 포기의 법률적 의미', ② 5월 28일 '일한 청구권협정 제2조와 나포어선 문제', ③ 9월 1일 '일한 청구권조약과 재한(在韓) 사유재산 등에 관한 국내 보상 문제' 등 3건의 일본 외무성 기밀문서에서도 개인의 청구권이 인정되고 있다. 당시 이승만 정부가 선포한 평화선을 침범하여 나포된 일본 어선 선주들이 한국 정부를 상대로 배상 소송을 제기할 것에 대비하여 일본 정부가 작성한 것으로, 한일협정이 체결되더라도 개인청구권은 별개의 문제로 인식하고 있으며 일본 어민의

으로 시이나[椎名] 外相은 청구권협정이 "외교적 보호권의 소멸만을 의미할 뿐 개인의 권리를 소멸시키는 것은 아니라"는 취지의 답변을 한 것이다. 이러한 사정은 일본 정부가 청구권협정 제2조 1항에 관하여 취하고 있는 해석태도를 이해하는 데, 나아가 동 조항을 해석하는 데 시사하는 바 크다. 박배근(2006), 「1965년 한일청구권협정과 개인의 청구권」, 『한일역사관련 국제법논문선집』, 동북아의 평화를 바른역사정립기획단, 331·339쪽.

52) 日本衆議院(1965. 11. 5), 「日本國と大韓民國との間の條約及び協定等に關する特別委員會議錄第10號」, 17쪽 이하, 시이나[椎名悅三郞] 외무대신의 답변: 日本參議院(1991. 8. 27), 「豫算委員會議錄第3號」, 10쪽, 야나이[柳井俊二] 외무성 조약국장의 답변; 日本衆議院(1994. 3. 25), 「內閣委員會議錄第1號」, 8쪽, 다케우치 유키오[竹內行夫] 외무대신관방심의관의 답변 참조.
53) 박배근(2006), 앞의 논문, 340쪽.
54) "일 외무성문서, 한일협정과 개인청구권 무관", 《연합뉴스》(2010. 3. 14).

재산권 보호 차원에서 한일협정 체결 이후에도 개인의 청구권은 유효하다는 입장을 취하고 있는 것이다. 그러한 전제에서 양국 국민에게 동일하게 적용되는 청구권협정상 일제에 의한 한국인들의 피해 역시 한일협정 이후에도 개인청구권으로 해결할 수 있다는 해석이 가능하다. 물론 한일강제병합에 따른 일제 식민지배 자체를 합법으로 전제한 경우임에도 일본 정부가 1965년 한일협정 체결 당시 자국 내에서는 개인청구권을 인정하고 있었던 것이다.

한일청구권협정상의 개인청구권의 존부와 관련하여 주목할 만한 점은 2006년 58회기 유엔 국제법위원회(ILC)에서 심의되고 그 초안(Draft article on Diplomatic Protection)이 채택된 외교적 보호제도에 대한 논의이다. ILC 외교보호 초안은 2007년 ICJ의 'Concerning Ahmadou sadio Diallo Case'[55]에서 인용되었는데, 개인에 대한 침해를 국제법상 소속국가에 대한 침해로 보던 시각 자체가 허구 또는 의제에 불과하며, 국가 간의 우호를 위해 개인의 희생을 강요해선 안 된다는 것으로 국제법상의 중요한 변화를 지적할 수 있을 것이다. 주지하다시피 "어느 한 시민에게 불리한 대우를 한 자는 그 시민을 보호하여야 할 국가에게 간접적으로 피해를 입힌 것"이라고 주장한 바텔(E. Vattel)의 의제[56]

---

55) 김대순(2007. 8), 「외교보호의 제쟁점－2006년 ILC 외교보호초안을 중심으로」, 『법학연구』 제48권 제1호, 204~205쪽 참조.
56) "Whoever ill-treats a citizen indirectly injuries the state, which must protect that citizen. The sovereign of the injured citizen must avenge the deed and, if possible, force the aggressor to give full satisfaction or punish him, ……." Emmerich de Vattel(1916), *The Law of Nations or the Principles of Natural Law: Applied to the Conduct and Affairs of Nations and Sovereigns*, Vol. Ⅲ (1758, English translation by Charles G. Fenwick, Washington, Carnegie Institution, Chap. Ⅵ, p. 136; United Nations(2006), Report of the International Law Commission on the work of its fifty-eighth session, 1 May-9 June and 3 July-11 August 2006, UN Doc. A/61/10, p. 25.

에 기원을 두고 있는 전통적 제도로서의 외교적 보호[57]는 일제시대에 일본 정부에 의해 강제노역에 징용되거나 일본군 '위안부'로 동원된 피해자들이 일본에 대해 국제책임을 추궁하는 문제가 아직도 미해결의 과제로 남아 있다는 점에서, 한국 정부의 자국민에 대한 외교적 보호와 깊이 관련된 문제이기도 한 것이다.[58]

따라서 1965년 한일협정체제는 '식민지' 책임을 포함한 불법행위로 인한 손해배상청구권문제[59]를 전혀 해결하지 않은 것이다. 더욱이 한일청구권협정은 1910년 한일병합조약이 적법하다는 묵시적 전제하에 체결되었기 때문에, 과거 불법적인 식민지 지배기간 중 한국 또는 한국인이 입은 일체의 손해배상이 배제된 채 손실보상 차원에서 식민지로부터의 독립 후 영토 분리에서 오는 재정 및 민사상의 청구권에 한정하고 있는 것이다.[60] 따라서 2010년 한

---

[57] 김부찬(2001. 12), 「국제관습법상 외교적 보호제도에 관한 고찰」, 『법학연구』 제42권 1호, 77~104쪽; 김성준(2001. 8), 「국제법상 개인의 청구권」, 『국제법평론』 제15호, 1~16쪽; 이진규(2011. 3), 「외교적 보호제도의 현대적 해석 – 개인의 권리 및 인권보호적 성격에 주목하며」, 『국제법학회논총』 제56권 제1호, 117~140쪽.

[58] 도시환(2011. 8. 12), 「한일청구권협정의 국제법적 재검토」, 『한일협정의 국제법적 문제점에 대한 재조명』(동북아역사재단, 한일강제병합 100년 역사와 과제 재조명 국제학술회의), 81쪽.

[59] 한일청구권협정 합의의사록(I) 2항의 경우, 청구권에 관한 문제에는 한일회담에서 한국 측으로부터 제출된 '한국의 대일청구요강'(소위 8개 항목)의 범위에 속하는 모든 청구가 포함되어 있고, 따라서 동 대일청구요강에 관하여는 어떠한 주장도 할 수 없게 됨을 확인하는 것으로 규정하고 있으나, 8개 항목의 청구권 내용 역시 일본국의 전쟁범죄나 반인도적 범죄와 관련된 민·형사책임을 추궁하는 것은 포함되지 않았다. 원용석(1965), 『한일회담 14년』, 삼화출판사, 58~75쪽; 이동원(1992), 『대통령을 그리며』, 고려원, 253~273쪽.

[60] 한일청구권협정은 인권침해에 대한 손해배상책임과 국제범죄행위에 대한 형사책임은 전혀 포함되지 않은 것이므로 일본이 전쟁기간 중 대표적 반인권 침해범죄 중의 하나인 일본군 '위안부'의 인권침해에 대한 민사배상책임과 그에 대한 국제형사책임은 여전히 유효한 것이다. 1968년 11월 26일 UN총회가 채택한 '전시범죄 및 인도에 대한

일 양국 지식인이 천명한 '1910년 한일병합조약은 원천무효'라는 공동성명은 일제식민지배의 불법성과 동 기간 중 불법행위에 대한 배상책임이 전혀 논의되지 않았음을 웅변으로 보여주고 있는 것이다.[61]

III. 2010년 한일지식인 공동성명과 '식민지' 책임 판결체제

1. 2010년 한일지식인 '한일병합조약 원천무효' 공동성명

2010년 5월 10일 214명으로 시작하여 65주년 광복절을 앞둔 7월 28일 1,118명의 한일 양국 지식인이 '역사적 정의'에 입각하여 천명한 '1910년 한일병합조약은 원천무효'라는 공동성명이 나왔다.

한일지식인 공동성명은 조약의 전문(前文)뿐만 아니라 본문도 거짓이며, 조약 체결의 절차와 형식에도 중대한 결점과 결함을 보이고 있을 뿐만 아니라, '한국병합'에 이른 과정이 불의부당하듯이 '한국병합조약'[62]도 불의부당한

죄의 시효부적용에 관한 협약' 참조.
61) 식민지배와 관련한 국제협정의 최근 사례로는 이탈리아·리비아우호조약이 있다. 2008년 8월 30일 이탈리아는 자국의 식민지배(1911~1943)로부터 고통을 당한 리비아와 식민지배에 대한 공식사과로 50억 불 투자형식의 배상금 지불과 약탈문화재 반환을 내용으로 식민지 과거사를 마감하는 우호조약에 합의하였다. 상세한 내용은 이장희(2012. 6. 22), 「이태리 – 리비아 「식민지」손해배상책임사례의 국제법적 검토」, 『한일협정체제와 「식민지」책임의 재조명』(동북아역사재단 국제학술회의), 61~99쪽 참조.
62) 2011년 8월 29일 '한일병합조약의 무효와 동아시아의 역사적 화해 및 새로운 미래'라는 주제로 동북아역사재단에서 개최된 '한일지식인 한국병합조약 원천무효선언 1주

것임을 천명하였다.

더하여 일본제국이 침략전쟁 끝에 패망함으로써 한국은 1945년에 일본의 식민지 지배로부터 벗어나서 체결한 1965년의 한일기본관계조약 제2조상 1910년 8월 22일 및 그 이전에 체결된 모든 조약 및 협정은 이미 원천무효(already null and void)라는 규정과 관련하여 '일본의 침략주의의 소산'이었던 불의부당한 병합조약은 당초부터 불법·무효라고 해석한 한국 측의 해석을 공통된 견해로 받아들여야 함을 강조하였다.

아울러, 근년에 '인도(人道)에 반하는 죄'와 '식민지 범죄'에 관하여 국제법 학계에서 다양한 노력이 기울여지고 있는바, 이제 일본에서도 새로운 정의감의 바람을 받아들여 침략과 병합, 식민지 지배의 역사를 근본적으로 반성하는 시대에 부응해야 함을 제창하였다.[63]

한일강제병합 100년이 되던 2010년 한일 양국 지식인이 천명한 '1910년 한일병합조약 원천무효' 공동성명은, 2006년 시작되어 5년을 경과한 일본군 '위안부' 헌법소원과 2000년 시작되어 12년을 경과한 강제징용피해 배상소송에서 헌법재판소와 대법원이 역사적·국제법적 정의에 입각한 결정과 판결을 내리는 기초가 되었다고 평가할 수 있다.[64]

년 서울회의'에서 나카스카 아키라[中塚明] 일본 나라여대 명예교수는 '虛構の極みとしての「韓國併合條約」'이라는 발제를 통해 한일 양국 간 동의하에 미사여구로 구성된 한일병합조약이 체결되었다는 것은 허구의 극치임을 비판하였다.

[63] 1910년 한일병합조약은 원천무효 한일지식인 공동성명.
[64] 필자가 12년간 강제징용피해 배상판결을 수행해온 최봉태 변호사와 나눈 대담에서 보면 대법원의 승소판결을 전혀 예상하지 못하였던바, 이는 '1910년 한일병합조약은 원천무효'라는 한일 양국 지식인의 공동성명에 화답한 것이자, 역사적 정의를 향한 학문적 노력이 법적으로 인정을 받은 결과라고 답변하고 있다; 「'식민지배 합법화 일본판결 효력 우리 헌법상 승인 불가' 대법원 강제징용피해 배상판결, 역사의 정의 향한 물꼬 터」, 『동북아역사재단 뉴스레터』(2012년 7월호) 6~9쪽.

2. 2011년 헌법재판소의 부작위위헌 결정

 헌법재판소는 2006년 7월 일본군 '위안부' 피해자 109명이 외교통상부장관을 피청구인으로 하여 제기한 헌법소원에 대해, 2011년 8월 30일 일본군 '위안부'[65] 피해자들의 한일청구권협정상의 배상청구권과 관련한 헌법상의 기본권 침해에 대하여 역사적인 결정을 내렸다.

 헌법재판소가 내린 '대한민국과 일본국 간의 재산 및 청구권에 관한 문제의 해결과 경제협력에 관한 협정 제3조 부작위 위헌확인 결정'의 요지[66]는 다음과 같다.

 헌법 전문, 제2조 제2항, 헌법 제10조와 한일청구권협정 제3조의 규정상, 피청구인인 우리 정부가 동 협정 제3조에 따라 분쟁해결의 절차로 나아갈 의무는 일본국에 의해 자행된 조직적이고 지속적인 불법행위에 의하여 인간의 존엄과 가치를 심각하게 훼손당한 우리 국민들이 배상청구권을 실현하도록 협력하고 보호하여야 할 헌법적 요청에 따른 것으로서, 그 의무의 이행이 없으면 청구인들의 기본권이 중대하게 침해될 가능성이 있으므로 피청구인의

---

[65] See-hwan Doh(2007), "U.S. House Panel's Resolution 'Comfort Women'," *Korea Focus*(Vol. 15, No. 3, Autumn 2007); See-hwan Doh(2008. 12. 12), "Comfort Women," *Korea Times*; 도시환(2007. 6. 29), "위안부 결의안 통과에 부쳐", 《중앙일보》; 도시환(2008. 7. 19), "역사적 정의 부정하는 일본", 《한국일보》; 도시환(2007. 8. 1), "日정부, 정의와 양심으로 국제사회에 응답해야", 《서울신문》; 도시환(2007. 11. 16), "세계로 확산되는 '위안부' 결의안 채택", 《한겨레신문》; 도시환(2007. 12. 6), "거스를 수 없는 위안부 결의 물결", 《경향신문》; 도시환(2008. 12), 「일본군 '위안부' 문제의 현황과 국제인권법적 재조명」, 『국제법학회논총』 제53권 제3호, 41~68쪽 참조.
[66] 헌재 2011.08.30, 2006헌마788(일본군 '위안부'), 2008헌마648(원폭피해자) 결정문 요지 참조.

작위의무는 헌법에서 유래하는 작위의무로서 그것이 법령에 구체적으로 규정되어 있는 경우라고 설시하였다.

특히, 우리 정부가 직접 일본군'위안부' 피해자들의 기본권을 침해하는 행위를 한 것은 아니지만, 일본에 대한 배상청구권의 실현 및 인간으로서의 존엄과 가치의 회복에 대한 장애상태가 초래된 것은 우리 정부가 한일청구권협정상의 청구권에 대한 내용을 명확히 하지 않고 '모든 청구권'[67]이라는 포괄적인 개념을 사용하여 이 사건 협정을 체결한 것에도 책임이 있다는 점에 주목한다면 그 장애상태를 제거하는 행위로 나아가야 할 구체적 의무가 존재함을 강조하였다.

헌법재판소의 결정은 일본 정부가 1965년 한일협정을 통해 완전히 최종적으로 종결되었다는 한일 과거사 청산 문제에 대해 한일청구권협정 제3조에 근거한 분쟁의 존재를 확인한 것으로 평가할 수 있는 반면 '식민지' 책임의 규명이라는 측면에서는 '1965년 한일협정상의 체제'를 전제로 하고 있다는 점에서 그 한계를 지적할 수 있을 것이다.

3. 2012년 대법원 강제징용피해 배상 판결

일제 강제징용 피해자 김규수(83)씨 등 원고 9명이 미쓰비시중공업과 신일본제철을 피고로 1995년부터 히로시마지방재판소와 오사카지방재판소에 각각 손해배상 소송을 제기하여 패소하였다. 이후 한국에서도 제소하였으나 2009년 부산고법[68]과 서울고법[69]의 항소심에서도 패소하자 대법원에 상고

---

[67] 한일청구권협정 제2조 3항 및 합의의사록(Ⅰ) 2항 (g) 등에 포괄적인 개념으로 규정되어 있다.
[68] 부산고등법원 2009.02.03. 선고 2007나4288 판결.

하였는데 2012년 5월 24일 대법원은 각각 원심 파기 및 환송 판결하였다.

이번 대법원 판결의 요지는 다음과 같다.

첫째, '식민지' 책임에 관한 전면적 확인과 관련하여, 일제강점에 따른 식민지배 자체가 불법[70]이므로 이를 합법으로 본 일본 판결은 3·1운동으로 건립된 대한민국임시정부의 법통을 비롯한 대한민국 헌법의 핵심 가치[71]와 상충되므로 승인할 수 없다.

둘째, 청구권협정에 의한 해결 항변의 배척과 관련[72]하여 1965년 한일청

---

[69] 서울고등법원 2009.07.16. 선고 2008나49129 판결.
[70] 이와 관련해서는 See-hwan Doh(2010. 8. 12), "1910 Korea-Japan Annexation Treaty Invalid," *Korea Times*; "Japan's history distortion hampers bilateral ties," *Korea Times*(2010. 8. 24)를 참조.
[71] 대법원 2012.5.24. 선고 2009다22549 판결에서는 우리 헌법상의 핵심적 가치를 다음과 같이 천명하고 있다. 대한민국 제헌헌법은 그 전문에서 "유구한 역사와 전통에 빛나는 우리들 대한국민은 기미삼일운동으로 대한민국을 건립하여 세상에 선포한 위대한 독립정신을 계승하여 이제 민주독립국가를 재건함에 있어서"라고 하고, 부칙 제100조에서는 "현행법령은 이 헌법에 저촉되지 아니하는 한 효력을 가진다."고 하며, 부칙 제101조는 "이 헌법을 제정한 국회는 단기 4278년 8월 15일 이전의 악질적인 반민족행위를 처벌하는 특별법을 제정할 수 있다."고 규정하였다. 또한 현행헌법도 그 전문에 "유구한 역사와 전통에 빛나는 우리 대한국민은 3·1운동으로 건립된 대한민국임시정부의 법통과 불의에 항거한 4·19 민주이념을 계승하고"라고 규정하고 있다. 이러한 대한민국 헌법의 규정에 비추어 볼 때, 일제강점기 일본의 한반도 지배는 규범적인 관점에서 불법적인 강점에 지나지 않고, 일본의 불법적인 지배로 인한 법률관계 중 대한민국의 헌법정신과 양립할 수 없는 것은 그 효력이 배제된다고 보아야 한다. 그렇다면 일본 판결의 이유는 일제강점기의 강제동원 자체를 불법이라고 보고 있는 대한민국 헌법의 핵심적 가치와 정면으로 충돌하는 것이므로, 이러한 판결 이유가 담긴 일본 판결을 그대로 승인하는 결과는 그 자체로 대한민국의 선량한 풍속이나 그 밖의 사회질서에 위반되는 것임이 분명하다. 따라서 우리나라에서 일본 판결을 승인하여 그 효력을 인정할 수는 없다는 것이다.
[72] 대법원이 한일청구권협정에도 불구하고 개인의 손해배상청구권이 소멸하지 않았다고 판단한 근거로는, 첫째 한일청구권협정의 기본성격으로 일본의 식민지배에 대한 청구가 아닌 양국 간 재정·민사적 채권채무를 해결하기 위한 것에 불과하다는 점, 둘

구권협정과 강제징용피해자의 개인청구권은 구분되며 원고들의 손해배상청구권은 협정의 적용대상이 아니며, 적용대상에 포함된다면 일종의 '외교적 보호권 포기'에 불과한 것이다.

셋째, 피고인 적격문제와 관련하여 강제징용 당시 일본 기업과 현재 기업은 종업원 승계 등 동일한 법인으로, 양 회사를 다른 법인으로 보는 일본법을 적용하여 한국 국민에 대한 채무 면탈을 하겠다는 것은 용인할 수 없다.

넷째, 소멸시효완성 항변에 대한 배척과 관련하여, 강제징용 피해 시점이 1944년이나 국내에서 피해자들이 소송을 제기한 2000년 이전에는 사실상 소송권 행사에 불가능한 장애가 존재한 바 피고의 소멸시효 주장은 신의성실원칙과 권리남용금지원칙에 대한 위반으로, 손해배상 청구시효가 존속한다.

이번 대법원 판결의 핵심은 1910년 강제병합을 통한 일제강점기 일본의 한반도 식민지배 자체가 불법이라는 것이며 이를 근거로 한 법률관계는 대한민국의 헌법정신과 양립할 수 없으므로 그 효력을 배제하려는 것으로 역사적 사실에 대한 법규범적 정의를 천명한 판결로 평가할 수 있을 것이다.

째 청구권협정의 제1조와 제2조의 관계와 관련하여 일본 정부가 제공한 경제협력 자금은 청구권문제의 최종 해결과 무관하다는 점, 셋째 협상과정의 해석에 대해 분석하면 일제의 한반도 지배의 법적 성격에 합의하지 못하였을 뿐만 아니라 반인도적 불법행위로 인한 손해배상청구권이 한일청구권협정에 포함되지 않은 점, 넷째 국가 및 개인의 독자적 법주체론에 기초하여 명확한 근거가 없는 한 조약체결로 국가의 외교적 보호권 외에 국민의 개인청구권이 소멸되었다고 볼 수 없는 점, 다섯째 청구권협정과 국내법 분리와 관련하여 대한민국 국민의 일본국 및 그 국민에 대한 권리를 소멸시키는 내용의 재산조치법인 법률 144호의 경우 한일청구권협정만으로 개인청구권이 소멸하지 않음을 전제로 하고 있다는 점 등이다. 최봉태(2012. 6. 21), 「헌법재판소와 대법원의 개인배상권 인정 이후의 과제」, 『한일협정 47년 특별기자회견과 국민보고 자료집』, 7~8쪽.

IV. 맺음말

'식민지' 책임이라는 관점에서 한일조약체제를 1910년 한일병합조약체제, 1951년 대일강화조약체제, 1965년 한일협정체제, 2010년 한일지식인에 의한 '1910년 한일병합조약 원천무효'라는 공동성명을 기점으로 한 '식민지' 책임에 대한 판결 체제, 그리고 남겨진 현안과제이자 역사적 후속작업으로서 2015년 한일협정 체결 50년 체제로 구분하여 각 조약체제상의 국제법적 문제점과 그 극복방안에 대해 재조명해 보았다.

2010년 한일 양국 지식인이 '역사적 정의'에 입각하여 천명한 '1910년 한일병합조약은 원천무효'라는 공동성명에서와 같이 침략을 본질로 하는 무효사유로서의 1910년 한일강제병합조약을 전제로 한 일제식민지배의 불법성을 해소하기 위해서는 한일청구권협정상 배상청구권[73]이 포함되어야 하며, 그러한 불법적인 식민지배로부터 시작된 일본의 독도 영유권 주장 역시 카이로선언(1943) 및 포츠담선언(1945)에서 일본이 '폭력과 탐욕에 의해 약탈한' 영토인 독도를 일본의 영역에서 분리하여 취급할 것을 명시하고 있음을 주지해야 할 것이다.

올해 발효 60년을 맞는 대일강화조약과 2015년 체결 50년을 맞는 한일협정의 국제법적 효력과 관련하여 대일강화조약의 비체약국인 한국으로서는 대일강화조약 제2조 및 제4조를 근거로 1965년 한일협정체제가 1951년 대일강

---

[73] 1910년 '한일병합조약'을 근거로 한 일제 35년간의 식민지배는 불법강점에 해당한다. 그러한 일본의 불법적인 한국 지배 아래에서 한국의 젊은이들을 전쟁에 강제징용한 행위들은 불법이며, 일본군 '위안부'로 강제동원한 행위는 불가침의 국제강행규범(jus cogens)에 대한 위반인 것이다. See-hwan Doh(2009. 7. 10), "1910 Annexation Treaty Invalid," *Korea Times*, p. 7; 도시환(2011), 앞의 논문, 87~88쪽.

화조약의 하위체제이므로 보상청구권에 한정해야 할 뿐만 아니라 한국의 독도 영유권 주장에 중대한 결락이 발생했다는 일본 정부의 주장은 국제조약법의 제3자적 효력의 법리상 타당하다고 볼 수 없다.

오히려 지금까지 1910년 한일강제병합에 대해 유효부당론을 포함하여 합법이라는 일본 정부로서는 일제강점에 따른 불법적인 '식민지' 책임을 외면해 왔으나, 한국은 1951년 대일강화조약의 비당사국일 뿐만 아니라 한일 간 양자조약인 1965년 한일협정에서조차 배제된 불법 식민지배 책임을 포함하여, 2010년 한일지식인의 '1910년 한일병합조약은 원천무효'라는 공동성명을 기점으로 전후배상을 위한 논의의 토대가 최초로 구축된 것이다.

더욱이 2011년 8월 헌법재판소가 내린 일본군 '위안부' 및 원폭피해자 문제와 관련하여 한일청구권협정 제3조상의 중재재판을 근거로 한 부작위위헌결정을 비롯하여, 지난 5월 24일 대법원은 12년간에 걸친 강제징용피해 배상소송과 관련하여 불법적인 일제강점기의 식민지배 자체를 합법으로 보는 일본 판결은 대한민국 헌법의 핵심적인 가치와 상충되므로 승인할 수 없다는 역사적 정의에 입각한 판결을 내렸다.

따라서, 2015년 한일협정 체결 50년을 앞둔 시점에서, 한일 양국 지식인 공동성명에서 천명된 '1910년 한일병합조약은 원천무효'라는 국제법적 불법론에 입각하여, 1951년 대일강화조약의 비당사국인 한국으로서는 양자조약인 1965년 한일협정체제에서도 해결하지 못한 '식민지' 책임에 대한 국제법적 문제점을 규명해 나가야 할 것이다. 이를 통해 2015년 반세기를 맞이하는 한일협정체제가 역사갈등의 본질적 문제를 극복함과 아울러 진정한 역사화해를 모색함으로써 평화와 번영의 동북아시대를 위한 한일조약체제로서 국제법적 기여를 다할 수 있어야 할 것이다.

• 참고문헌

강상중(2012. 9. 20), "전후 민주주의 벗어던지는 일본, 어디로 가나", 《경향신문》.
강태훈(2000), 『일본 외교정책의 이해』, 오름.
김대순(2007. 8), 「외교보호의 제쟁점 – 2006년 ILC 외교보호초안을 중심으로」, 『법학연구』 제48권 제1호.
김부찬(2001. 12), 「국제관습법상 외교적 보호제도에 관한 고찰」, 『법학연구』 제42권 1호.
김성준(2001. 8), 「국제법상 개인의 청구권」, 『국제법평론』 제15호.
김창록(2009), 「1965년 '한일조약'에 대한 법적 재검토」, 이태진·사사가와 노리가츠 공편, 『한국병합과 현대역사적 국제법적 재검토』, 태학사.
남기정(2008. 12), 「샌프란시스코평화조약과 한일관계 – 관대한 평화와 냉전의 상관성」, 『동북아역사논총』, 제22호.
대한민국 정부(1965), 『한일회담 백서』.
도시환(2007. 6. 29), "위안부 결의안 통과에 부쳐", 《중앙일보》.
도시환(2007. 8. 1), "日정부, 정의와 양심으로 국제사회에 응답해야", 《서울신문》.
도시환(2007. 11. 16), "세계로 확산되는 '위안부' 결의안 채택", 《한겨레신문》.
도시환(2007. 12. 6), "거스를 수 없는 위안부 결의 물결", 《경향신문》.
도시환(2008. 7. 19), "역사적 정의 부정하는 일본", 《한국일보》.
도시환(2008. 12), 「일본군'위안부' 문제의 현황과 국제인권법적 재조명」, 『국제법학회논총』 제53권 제3호.
도시환(2010. 12), 「1910년 '한일병합조약' 체결강제의 역사적 진실규명과 국제법적 조명」, 『국제법학회논총』 제55권 제4호.
도시환(2011), 「1910년 한일병합조약의 국제법적 재조명」, 『1910년 한일병합조약의 역사적·국제법적 재조명』, 아시아사회과학연구원.
도시환(2011. 8. 12), 「한일청구권협정의 국제법적 재검토」, 『한일협정의 국제법적 문제점에 대한 재조명』(동북아역사재단, 한일강제병합 100년 역사와 과제 재조명 국제학술회의).
도시환(2011. 11), 「한일청구권협정의 국제법적 문제점에 대한 재조명」, 『외법논집』

제35권 제4호.

도시환(2011. 11. 24), 「샌프란시스코조약상의 영토규정과 독도영유권의 국제법적 함의」, 『독도문제에 대한 국제법적 해결방안 모색』(아시아사회과학연구원, 제52회 학술시민포럼).

도시환(2012. 9), 「한일조약체제와 '식민지'책임의 국제법적 재조명」, 『국제법학회논총』 제57권 제3호.

박배근(2006), 「1965년 한일청구권협정과 개인의 청구권」, 『한일역사관련 국제법논문선집』, 동북아의 평화를 바른역사정립기획단.

박배근(2009. 6. 22), 「시제법적 관점에서 본 조약체결의 형식과 절차 – 한국병합 관련 '조약' 유무효론 평가를 위한 일고」, 『일본의 한국병합 효력에 대한 국제법적 재조명』(동북아역사재단 국제학술회의 자료집).

박배근(2012. 6. 22), 「영토문제와 식민지책임의 관점에서 본 독도」, 『한일협정체제와 「식민지」책임의 재조명』(동북아역사재단 국제학술회의).

원용석(1965), 『한일회담 14년』, 삼화출판사.

이근관(2009), 「샌프란시스코 강화조약 및 대이탈리아 강화조약의 연구」, 『한일간 역사현안의 국제법적 재조명』, 동북아역사재단.

이도성 편저(1995), 『실록 박정희와 한일회담』, 서울 : 도서출판 한송.

이동원(1992), 『대통령을 그리며』, 고려원.

이석우(2002. 6), 「독도분쟁과 샌프란시스코평화조약의 해석에 관한 소고」, 『서울국제법연구』 제9권 제1호.

이장희(2012. 6. 22), 「이태리 – 리비아 「식민지」손해배상책임사례의 국제법적 검토」, 『한일협정체제와 「식민지」책임의 재조명』(동북아역사재단 국제학술회의).

이장희 편저(1998), 「한일청구권협정의 개검토와 개정방향」, 『한일간의 국제법적 현안과제』, 아시아사회과학연구원.

이진규(2011. 3), 「외교적 보호제도의 현대적 해석 – 개인의 권리 및 인권 보호적 성격에 주목하며」, 『국제법학회논총』 제56권 제1호.

이태진(2001), 『한국병합, 성립하지 않았다』, 서울: 태학사.

이현진(2008. 12), 「한일회담의 청구권 문제의 해결방식 – 경제협력 방식으로의 전환과정과 미국의 역할을 중심으로」, 『동북아역사논총』 제22호.

정병준(2010), 『독도 1947』, 돌베개.

정인섭(1994. 6), 「1965년 한일청구권협정 대상범위에 관한 연구」, 『성곡논총』 제25집 상권.
정일영(1965), 「한일회담의 계쟁점」, 대한민국 정부, 『한일회담 백서』.
정재정(2006), 「한일국교정상화조약, 무엇이 문제인가」, 『한일관계 2천년: 근현대』, 경인문화사.
최봉태(2012. 6. 21), 「헌법재판소와 대법원의 개인배상권 인정 이후의 과제」, 『한일협정 47년 특별기자회견과 국민보고 자료집』.
허동현(2011. 8. 12), "독도와 동해 지킬 외교역량에 목마르다", 《서울신문》.
홍인숙(1995), 「한일회담에 대한 미·일의 구도와 대응」, 『역사비평』 통권 30호 (1995년 봄호).
「'식민지배 합법화 일본판결 효력 우리 헌법상 승인 불가' 대법원 강제징용피해 배상판결, 역사의 정의 향한 물꼬 터」, 『동북아역사재단 뉴스레터』(2012년 7월호).
"'비핵공동체' 전제돼야 '동아시아 공동체' 가능", 《한겨레신문》(2009. 9. 18).
"아베 전 총리 「재집권 땐 식민지배 사죄 등 모든 담화 수정」", 《경향신문》(2012. 8. 29).
"일 외무성문서, 한일협정과 개인청구권 무관", 《연합뉴스》(2010. 3. 14).
"日총리, 「사과의 심정 표명」", 《동아일보》(1995. 8. 16).
헌재 "정부, 위안부 - 원폭 피해 방치는 위헌", 《동아일보》(2011. 8. 31).
대법원 2012.5.24. 선고 2009다22549 판결.
부산고등법원 2009.02.03. 선고 2007나4288 판결.
서울고등법원 2009.07.16. 선고 2008나49129 판결.
헌재 2011.08.30, 2006헌마788.
헌재 2011.08.30, 2008헌마648.

谷田正躬 外2 編(1966), 『日韓條約と國內法の解說』(『時の法令』別冊), 大藏省印刷局.
吉田裕(1995), 『日本人の戰爭觀』, 東京: 岩波書店.
金民樹(2000. 12), 『對日講和條約と韓國參加問題』, 修士學位論文, 東京大學大學院綜合文化硏究科.
武者小路公秀(2009. 6. 22), 「日韓「倂合」の不法性と歷史的敎訓」, 『일본의 한국병합 효력에 대한 국제법적 재조명』(동북아역사재단 국제학술회의).

服部龍二(2007), 「村山談話と外務省-戰後50周年の外交」, 田中努 編, 『日本論: グローバル化する日本』, 中央大學出版部.

小林英夫(1995), 「日本の東南アジア賠償」, 『季刊 戰爭責任研究』 10號(1995, 冬季), 日本戰爭責任資料センター.

有賀長雄(1910), 『國際公法完』, 東京: 東京專門學校出版部.

日本衆議院(1965. 11. 5), 「日本國と大韓民國との間の條約及び協定等に關する特別委員會議錄第10號」.

日本衆議院(1994. 3. 25), 「內閣委員會會議錄第1號」.

日本參議院(1991. 8. 27), 「豫算委員會會議錄第3號」.

立作太郞(1913), 『平時國際公法下』(東京帝國大學講義, 謄寫版).

倉知鐵吉(1899), 『國際公法完』, 東京: 日本法律學校.

村山富市(2009), 『村山談話とは何か』, 東京: 角川文庫.

秋山雅之助(1893), 『國際公法完』, 東京: 有斐閣書房.

太田修(2008), 「財産請求權問題の再考-脫植民地主義の視角から」, 笹川紀勝・李泰鎭 編, 『國際共同硏究 韓國倂合と現代-歷史と國際法からの再檢討』, 明石書店.

海野福壽(1999. 10), 「韓國倂合の歷史認識-李教授「韓國倂合不成立論」を再檢討する」, 『世界』 제666호.

海野福壽(2000), 『韓國倂合史の研究』, 東京: 岩波書店.

和田春樹(2010. 1), 「韓國倂合100年と日本人」, 『思想』 제1029호, 東京: 岩波書店.

「戰後50周年の終戰記念日にあたって」(いわゆる村山談話) 일본 외무성 홈페이지 (http://www.mofa.go.jp/mofaj/press/danwa/07/dmu_0815.html)

Bluntschli, J. C.(1872), *Das moderne Völkerrecht der civilisierten Staten*, Nördlingen: C. H. Beck'schen Buchhandlung.

Doh, See-hwan(2007), "U.S. House Panel's Resolution 'Comfort Women'," *Korea Focus*(Vol. 15, No. 3, Autumn 2007).

Doh, See-hwan(2008. 12. 12), "Comfort Women," *Korea Times*.

Doh, See-hwan(2009. 7. 10), "1910 Annexation Treaty Invalid," *Korea Times*.

Doh, See-hwan(2010. 8. 12), "1910 Korea-Japan Annexation Treaty Invalid," *Korea Times*.

Doh, See-hwan(2011. 8. 31), "1910 Annexation and Remaining Task," *Korea Times*.

Doh, See-hwan(2012. 6. 8), "Reexamination of the Japan's Post-War Reparations in East Asia in the Perspective of History and International Law" (「2012 DILA INTERNATIONAL CONFERENCE "ROLE OF INTERNATIONAL LAW IN PROMOTING COOPERATION AND RESOLVING CONFLICTS IN ASIA"」, National University of Singapore, Centre for International Law).

Hall, William Edward(1890), *A Treaties on International Law*, 3th ed., Higgins, Alexander Pearce ed., Oxford : Clarendon Press.

Oppenheim, L.(1905), *International Law, A Treatise*, Vol. I *Peace*, London, New York and Bombay: Longmans, Green, and Co.

Van Dyke, Jon M.(2007), "Legal Issues Related to Sovereignty over Dokdo and Maritime Boundary," *Ocean Developement & International Law*, 38.

Vattel, Emmerich de(1916), *The Law of Nations or the Principles of Natural Law: Applied to the Conduct and Affairs of Nations and Sovereigns*, Vol. Ⅲ (1758, English translation by Charles G. Fenwick, Washington: Carnegie Institution).

Woolsey, Theodore D.(1874), *Introduction to the Study of International Law*.

"1910 Korea-Japan Annexation Treaty Invalid," *Korea Times*(2010. 8. 12).

"Japan's history distortion hampers bilateral ties," *Korea Times*(2010. 8. 24).

United Nations(2006), Report of the International Law Commission on the work of its fifty-eighth session, 1 May-9 June and 3 July-11 August 2006, UN Doc. A/61/10.

UN총회결의 1514 (XV) of 14 December 1960

리비아 · 이탈리아 '식민지' 손해배상책임 사례의 국제법적 검토

한국외국어대학교 법학전문대학원 교수/PCA 재판관 **이장희**

리비아 · 이탈리아 '식민지' 손해배상책임 사례의 국제법적 검토*

한국외국어대학교 법학전문대학원 교수/PCA 재판관 **이장희**

I. 머리말

2012년 8월 15일은 1945년 8월 15일 일본 제국주의 식민지가 종결된 지 62주년이 되는 해다. 그런데 한일관계는 1965년 한일협정으로 형식적인 국교정상화는 했지만, 진정한 식민역사청산을 아직 해결하지 못하고 심각한 소모적 역사갈등을 반복하고 있다. 한일 간에는 일본군'위안부' 문제, 원폭피해자 문제, 사할린동포 문제, 강제징용자 문제 등 식민지 피해에 대해서 해결할 많은 문제들이 있지만 일본 정부가 식민지 지배의 불법성과 범죄성을 기본적으로 인정하지 않고 있다.

일본 정부의 식민지 손해배상에 대한 태도는 전혀 변함이 없다. 일본 정부는 1965년 한일기본조약과 한일청구권협정으로 식민지 기간 중 모든 문제가 완전히 최종적으로 해결되었다는 입장이다.[1] 1995년 사회당 출신 무라야마

---

* 본 논문은 2012년 6월 22일 동북아역사재단이 주최한 '한일협정체제와 '식민지' 책임의 재조명 국제학술회의'에서 발표한 논문의 수정본임.

수상이 '유효부당론'[2]으로서 식민지 피해와 그 고통에 대해서는 매우 유감스럽게 생각하지만, 1910년 이전 모든 식민지 관련 국제조약은 시제 국제법(inter-temporal law)[3]에 따르면 국제법적으로 완전히 유효하고, 식민지 지배의 범죄성·불법성을 인정하지 못한다는 것이 일본 정부의 기본 입장이다.[4] 우리 정부도 1965년 한일협정 이후 계속 일본 정부와 비슷한 입장을 취해 오다가 2005년 8월 외교문서 공개 이후 일본의 잔존책임론[5]으로 선회하였다. 그럼에도 정부는 적극적으로 일본 정부에 식민지 피해 국가책임해제를 법적으로 요구하지 않았다.

그런데 민간시민단체의 소송으로 2011년 8월 30일 헌법재판소 판결은 1965년 한일청구권협정 제3조에 근거한 부작위책임을 판시하였다. 이 헌재 판결 이후 한국 정부는 2011년 9월 외교통상부 내에 위안부 TF 팀 자문위원회를 구성하여 일본 정부에 청구권협정 제3조 제1항에 따라 일차적으로 양자적 해결을 위해 외교 교섭을 적극적으로 요구하였다. 그러나 일본 정부는 종

---

1) 이근관(2011. 9),「1910년 '한일병합조약'의 무효, 불법성과 일본의 국가책임」, 이장희 외,『1910년 '한일 병합조약'의 역사적, 국제법적 재조명』, (사)아시아사회과학연구원·도서출판 아사연, 234~240쪽.
2) 이장희 외(2011. 9),『1910년 '한일 병합조약'의 역사적, 국제법적 재조명』, (사)아시아사회과학연구원·도서출판 아사연, 59·62·127쪽.
3) '시제법'이란 "법률적 사실은 그 사실에 대한 분쟁이 발생하거나 해결을 위한 절차가 진행될 시점의 법이 아니라 그 사실이 발생할 당시에 성립하고 있었던 법에 의하여 판단되어야 한다는 원칙". Malcolm M. Show(2003), *International law*, 5th, Cambridge, pp. 429~430.
4) 도시환(2011. 9),「1910년 '한일병합조약'의 국제법적 재조명」, 이장희 외,『1910년 '한일 병합조약'의 역사적, 국제법적 재조명』, (사)아시아사회과학연구원·도서출판 아사연, 62~65쪽.
5) 참고인의견서(김창록)(2009. 3. 23), 사건 2006헌마788. '대한민국과 일본국 간의 재산 및 청구권에 관한 문제의 해결과 경제협력에 관한 협정' 제3조 부작위 위헌 확인,『소송기록』, 제2/2권 참고.

전의 입장을 그대로 견지하면서 회피 일변도로 일관하였다. 한국 정부는 한일 청구권협정 제3조 제2항에 따라 2차적 수순으로 국제중재위 구성을 일본 정부에 요구하고 있지만, 일본 정부의 태도는 여전히 소극적이다.

이어 2012년 5월 24일 대법원은 일제 징용피해자들이 일본의 미쓰비시중공업과 신일본제철을 상대로 낸 손해배상 등 청구소송사건에서 일본 기업의 배상책임이 있다는 판결을 내렸다. 대법원은 1965년 한일청구권협정을 근거로 모든 것이 완전하게 종결되었다는 입장을 견지해 온 일본 정부의 입장을 정면 부인한 것으로 한·일 청구권협정으로 개인청구권은 소멸되었다는 일본의 종전 입장을 완전히 뒤집은 것이다. 그동안 우리 정부는 2005년 한일외교문서 공개 이후 1965년 한일협정의 법적 의미를 '일본군위안부, 원폭피해자, 사할린교포'에 대해서만 일본 정부의 잔존책임을 인정하는 쪽으로 선회하였다. 이번 우리 사법부는 그 잔존책임 범위를 일제 강제징용피해자에까지 포함시켜 확대한 것으로 볼 수 있다.

그러나 중요한 것은 피해자들이 실질적인 배상을 받는 일이다. 일본의 전범기업은 임금의 30%를 강제저금시켰다고 한다. 강요된 저금만도 30여 가지이며, 현재 돈은 일본은행에서 잠자고 있다. 또 징용노동자의 미불 임금은 6조 240억 원으로 공탁금 형태로 보관 중이라 한다. 일본은 현재까지도 저금 내역에 대한 자료제출을 미적거리며 피하고 있다.

이제 우리 정부도 적극성을 띠어야 한다. 한국 정부의 그간의 소극적 태도는 중국과 대조적이다. 일본 니시마쓰 건설은 중국 정부와 중국 기업의 압력에 굴복하여 2009~2010년 중국인 징용피해자 543명에게 47억여 원을 지급했다.

현재 우리 정부는 식민지 피해에 대한 국제법적 불법성과 범죄성을 회피하는 일본 정부에 법적으로 대응하기 위한 국제법적 논리개발에 골몰하고 있다. 우리 정부의 요구는 결코 무리한 요구가 아니다. 2001년 아프리카 더반

(Durban)에서 개최된 유엔이 주최한 인종차별국제회의에서 '인종차별주의'는 전쟁범죄이고, 그 주요 원인으로 식민주의를 꼽고, 21세기가 청산할 역사적 과제라고 선언하였다. 이 글은 21세기 들어 최초의 식민손해배상 책임 사례인 2008년 8월 이후 리비아·이탈리아 식민지 피해배상 해결 사례를 분석하여 한일관계 과거청산 해결에 국제법적 논거가 될 만한 시사점을 찾으려고 분석한다. 우리가 한일 과거청산 문제가 나오면 흔히 독일·프랑스 사례를 든다. 1960년 독일과 프랑스는 한일협정과 유사한 포괄협정을 했지만, 프랑스가 강제징집자의 국가보상을 요구하자 '독·프 이해증진재단'에 당시 2억 5천만 마르크를 출연하였다. 그럼에도 엄격히 말해서 독일·프랑스 사례는 식민지 피해사례가 아니고, 나치전범 피해자 문제다. 물론 한일관계와 리비아·이탈리아 식민지의 역사적 배경은 전혀 다르다. 그러나 식민지 피해배상을 위한 리비아·이탈리아 '우호협력조약'[6]은 최소한 21세기 들어 최초의 식민지 피해청산조약으로서 일본 정부를 강제하는 데 우리에게 큰 법적 설득력을 지니고 있다.

II. 리비아·이탈리아 식민지 역사, 외교정책 개관

1. 리비아·이탈리아 식민지 역사 개관

식민지 청산을 위한 '리비아·이탈리아 우호협력조약'을 정확히 분석하기 위해서는 양국의 식민 역사 개관 및 리비아를 둘러싼 이집트를 포함한 주변국

---

[6] 영어원명: 'The Treaty of Friendship, Partnership and Cooperation between Libya and Italy'(일명 'The Treaty of Benghazi', 이하 리비아·이탈리아 '우호협력조약' 혹은 Benghazi 조약); 이 조약 정본은 이탈리아어와 아랍어다.

가와의 역학관계를 고찰할 필요가 있다(표1 참조).

　리비아는 오스만 터키의 제국과 관련된 국가다. 리비아는 1911~1943년까지 이탈리아 식민지하에 있었다. 한일 간에는 강제적이지만 1910년 '강제병합조약'을 통해 식민지관계가 이루어졌다. 이탈리아는 그러한 조약체결조차 없이 일방적으로 리비아를 무력으로 강점한 것이다. 1939~1945 제2차 세계대전 기간 중에는 이탈리아의 동맹국인 독일의 롬멜 군단이 리비아에 주둔하였다. 1943년 무솔리니의 이탈리아 군대와 독일군이 연합군에 패퇴함에 따라 미국·영국·프랑스 3개국 군대가 리비아를 분할 점령하였다. 곧이어 1951년까지 각각 점령지역에서 군정을 실시하였다. 이후 유엔의 위임통치를 거쳐 1951년에 독립되어 리비아 왕국을 건설하여 18년간 왕정체제가 들어섰다. 그러다가 1969년 9월 1일 자유연합장교단(Free Unionist Officers) 소속 27세의 카다피(Mu'ammar al-Qadhafi) 대위가 군사 쿠데타를 일으켜 집권에 성공하였다. 그 후 그는 군에서 대령까지 진급하였다. 카다피는 왕정체제(군주체제)를 폐지하고, 이른바 그가 1977년 2월 28~3월 2일에 개최된 국민총의회에서 발표한 '자마히리아(Jamahiriyya)'[7)] [8)] 체제는 곧 대중 직접민주주의 정치체제이다. 그는 여기서 대중권력을 강조했다. 카다피 지도자는 총회의 특별회기에서 대표들에게 "리비아 국민들이 세계의 국가들에게 무엇을 발표할 것입니까?"라고 반문하고, "대중권력의 설정과 대중시대의 출현, 제3 보편이론의 적용, 이 출발점에서 제3의 길 성취, 민주주의의 경험이 무위로 돌아갔던 계획들을 극복해서 독

---

7) 'Jamahiriyya'의 원뜻은 'State of the Masses(민중의 국가)'이다.
8) 1977년 발표된 '자마히리아(Jamahiriyya)'는 정치면에서 인민에 의한 직접민주주의, 경제면은 사회주의 체제를 혼합한 것이다. 통치구조로는 의회격인 인민회의와 정부격인 인민위원회가 존재하는데, 북한 체제와 유사하다. 모든 국민이 일종의 확대된 반상회 또는 지방자치와 같은 조직에 참가하고, 위원회가 그 결과를 카다피에게 전달하여 시행한다.

재정권의 종말을 기하는 것입니다"라고 답한다. "대중권력을 세움으로써 대중 자마히리아가 창출될 것입니다. 사회주의를 수립함으로써 자마히리아는 사회주의자로 통칭될 것입니다. 이것은 또한 리비아, 아랍, 아프리카, 자마히리아가 될 것이고 결론적으로 우리는 중요성을 지닌 명칭을 논의하게 될 것입니다. 우리는 어떤 새 정권이 했던 것처럼, 그 명칭이 정권의 본질과는 전혀 관계가 없는 그런 형태로 안이하게 결정짓지는 않을 것입니다."9) 그러나 '자마히리아' 10) 체제는 처음의 의도와는 달리 카다피에게 모든 권력을 집중시켰고, 그가 독재를 펴는데 최적의 제도였다. 그의 왕정타도, 집권과 통치는 곧 혁명에 해당된다. 이러한 정치사상은 1976~1978년에 발표된 3권11)으로 펴낸 카다피의 정치사상서 '그린북(Green Book)'에 나타나 있다. '자마히리아' 체제는 리비아의 외교정책12)에도 그대로 적용되었다.

리비아 · 이탈리아(Libya-Italian) 식민지는 1934년에 세워진 북이탈리아의 단일식민지였다. 리비아 · 이탈리아 식민지는 1911~1912년 이탈리아 · 터키 전쟁 후 1812년 오스만제국에게서 이탈리아가 뺏어간 키레나이카(Cyrenaica)와 트리폴리타니아(Tripolitania) 식민지들로 형성된 것이었다.

그러므로 이탈리아 식민지로서 리비아의 역사는 1911년에 시작되었고, 1934년까지 지속된 모슬렘 출신 리비아인들과의 투쟁으로 특징지어졌다. 이

---

9) 호라시온 칼테론 지음, 공찬욱 옮김, 『카다피의 예루살렘 작전』, 도서출판 부루칸 모로, 109~117쪽.
10) 호라시온 칼테론 지음, 공찬욱 옮김, 위의 책, 109~117쪽.
11) 카다피의 정치적 이념이 들어 있는 세 권의 책: *The Solution of the problem of Democracy*(1976); *The Solution of the problem of the Economic Problem*(1978); *The Social Basis of the Third Universal Theory*(1979). Lillian Craig Harris(1986), *Libya*, Boulder, Colorado: Westview Press, pp. 53~55.
12) Lillian Craig Harris(1986), pp. 83~108.

기간 중(1911~1934) 이탈리아 정부는 리비아 식민지의 해안지역만을 지배하였다. 오스만 리비아에 대한 이탈리아제국의 정복(1911~1912) 후, 이탈리아는 대부분의 시간을 리비아인에 대항하는 정복전쟁을 수행하였다. 오스만 터키는 로잔(Lausanne) 조약(1912)을 통해 리비아 지배를 포기했지만, 세누시(Senussi) 정치·종교지령(Sunni파 모슬렘의 강한 민족주의적 그룹)에서 연유한 이탈리아에 대한 거친 저항운동은 지속되었다. 무크타르(Omar Al-Mukhtar)[13]의 지도하에 수년간 게릴라 전쟁을 펴 왔다. 이탈리아 무솔리니는 파시스트 정당을 만들어 절대권력을 장악한 후, 군대를 보내 무크타르의 저항을 물리력으로 진압하였고, 1931년 9월 16일에 그를 처형하였다. 이리하여 1930년 초 이탈리아 파시즘의 대 리비아 정책이 강성으로 변하기 시작하였고, 마침내 키레나이카와 트리폴리타니아 둘 다 1934년에 이탈리아 식민지 리비아에 흡수되었다.

이탈리아는 1934년 12월 개인적 자유권을 리비아 인민들에게 보장하였다. 1939년에는 무슬렘도 국가 파시스트 정당에 가입이 허용되어, 이탈리아 군대 내에 리비아 부대의 창설이 허용되었다. 1940년 3월에는 리비아 식민지 부대의 2개 사단이 창립되었다. 이탈리아 파시스트 정권 기간 많은 이탈리아인이 리비아로 이동하여, 해안지역을 식민지화하였다. 1940년에는 리비아·이탈리아인들이 거의 11만이었고, 리비아 전체인구의 12%였다. 그들은 지중해 해안지역인 트리폴리와 벵가지에 집중(트리폴리 시 37%, 벵가지 시 전인구의 31%) 거주하였고, 건축에서도 괄목할 만한 발전을 이루었다. 1938년에는 이탈리아 발보(Balbo) 식민지 총통은 2만 명의 이탈리아 농부를 리비아 식민지화를 위해 리비아로 이주시켰고, 27개 새 마을을 세웠다. 발보 식민지 총통은 1934~1940년에 이탈리

---

[13] 오마르 무크타르(Omar Al-Mukhtar, 1862~1931. 9. 16)는 리비아 역사에서 이탈리아 제국주의에 끝까지 저항한 에드윈족의 영웅이다. 결국 이탈리아 파시스트들에 의해 붙잡혀 이탈리아 군사법정에서 재판받고, 1931년 9월 16일 처형당했다.

아화된 리비아를 개발시켰고, 거대한 인프라 시설물(철도·도로 등)을 건설하면서 경제 붐이 일어났다. 특히 농업 분야에서 그러했다. 식품업과 같은 제조업 분야도 발달하였고, 건물도 대형으로 건축되었다. 더욱이 이탈리아인들이 최초로 리비아에서 현대적 의술을 개발하였고, 마을 위생조건들도 개선하였다. 뿐만 아니라 이탈리아 당국은 고고학을 식민지배에 대한 정당성의 근거로서도 활용하였다. 그리고 관광업이 트리폴리 시 설립과 더불어 크게 증진되었다.

제1차 세계대전 이후, 제2차 세계대전 중에는 이탈리아 육군에 지원한 수많은 모슬렘 리비아인들이 이탈리아 군대를 강력하게 지지하고 협조하였다. 여타 리비아 부대도 1920년대 이래 이탈리아 왕국을 위해 싸웠다. 1943~1951년 영국과 프랑스 그리고 소련이 분할 통치를 하였다. 프랑스는 페잔(Fezzan)을 통치하고, 반면 영국은 키레나이카와 트리폴리타니아를 통치하였다. 1947년 연합국과의 평화조약 조건하에서 이탈리아는 리비아에 대한 모든 청구권을 포기하였다. 1949년 11월 21일, 유엔 총회에서 리비아는 1952년 1월 1일 이전에 독립되어야 한다는 결의안을 채택하였다. 실제로 리비아 왕국은 입헌군주국으로서 1951년 12월 24일 독립을 선언하였다. 제2차 세계대전에서 이탈리아의 최종 패망 및 국제적 탈식민지화 추세는 리비아가 이탈리아에서 탈출하는 독립의 계기였다. 서방국들은 1951년 독립 초기에 리비아가 너무 가난하여 생존하기 위해서는 국제사회의 도움을 필요로 한다고 보았다. 1950년대에 신생국인 점과 자원부족이라는 양대 요소는 리비아 외교에 주요한 결정요소가 되었다. 리비아는 서로를 불신하는 이질적인 세 지역으로 구성된 신생국가를 처음부터 건설해야만 했다. 나라를 건설하기 위해서는 우선 자원을 개발해야 했는데, 1959년에 석유를 발견했다. 그 결과 1950년 독립 초반에는 리비아 핵심 외교정책의 목표는 첫째로 국가건설에 도움이 되는 국가 일체성 및 통합성을 보존하는 것, 둘째로 어떠한 지역 열강도 약점을 이용하

〈표 1〉 리비아 역사 연표

시기	리비아·이탈리아의 식민 역사 개관 및 리비아를 둘러싼 이집트를 포함한 주변국가와의 역학관계
고대 식민도시 (B.C. 800~A.D. 431)	- B.C. 1000: 페니키아인들의 무역 거점 - B.C. 7세기: 페니키아인 트리폴리타니아 정착 - 오스만 터키 - B.C. 631: 그리스인 식민지 - B.C. 86~A.D. 4세기: 로마 지배
아랍 및 터키의 지배: A.D. 644/645~1914 (제1차 세계대전 발발)	- 644~645: 아랍군의 마그레브 지역 2차 원정으로 Tripoli 함락 - 1551~1914(제1차 세계대전 발발): 오스만 터키 지배 아랍의 이슬람교·아랍어 리비아 정복 지배
이탈리아 식민주의 시대: 1911~1943	- 1911. 11. 29: 이탈리아 오스만 터키 제국에 선전포고. 수차례 리비아 전역 식민지화 시도, 리비아인의 강한 저항에 부딪힘. 제1차 세계대전 발발까지 Trioli, Benghazi를 비롯한 지중해 연안지역 도시들을 장악하는 데 그침. - 1931: Omar Al-Mukhtar(사막의 영웅) 처형 이후 리비아 대부분 이탈리아 식민지화
영국군·프랑스군 군정: 1943~1951	- 1939~1943: 이탈리아 군대, 독일 롬멜군 점령 - 1943~1951: 영국·프랑스 군정
리비아의 독립과 왕정: 1949~1951. 12. 24 ~1969	- 1949. 12: UN 리비아 독립지지 결의 채택 - 1951. 12. 24: 독립국가 선포. Muhammad Idris를 국왕으로 하는 연방 왕국 선포 - 1953. 2: 아랍연맹(the Arab League) 가입 - 1955. 12: UN 가입 - 1959. 6: 석유 발견, Cyrenaica의 Zaltan - 1962: OPEC 가입 - 1964. 1: 벵가지 학생들 카이로에서 열린 아랍 정상회담 지지 집회. 집회내용이 점차 변질, 질병치료차 출국한 왕 대신 왕자를 참석시킨 왕에 대한 항의로 바뀜. 경찰과 시위대 간에 긴장 지속, 보안군의 실탄으로 3명의 사망자와 많은 수의 부상자 속출. 몇 년 뒤 이 사건으로, 무암마르 카다피의 지휘 아래 자유장교단 소속 요원들이 벵가지로 진출, 방송국 장악, 대통령궁 포위하는 쿠데타로 연결
카다피 군사혁명: 1969.7.1.	- 1969. 9. 1: 27세의 카다피 대위 무혈쿠데타 성공. 왕정 폐지하고, 아랍공화국 선포 - 1969. 11: 은행 국유화 - 1969. 12: 카다피에 대항하는 제1차 쿠데타 - 1970. 1: Tripoli 연합 (리비아, 수단, 이집트)

	- 1970. 5. 15: 카다피, 이스라엘 대항 범 아랍 투쟁 요청 - 1970. 6: 미군 리비아에서 철수 - 1970. 9. 28: Nasser 사망 - 1971. 4: 아랍공화국연방(이집트, 수단, 리비아) 선포 - 1973: 사회주의와 이슬람교를 혼합한 'Third Universal Theory'를 통치이념으로 삼고, 문화혁명 시작 - 1977. 3: 인민주권 선언에 따라 '사회주의 인민주권 민주주의 체제'(Jamahiriyyah 체제)를 수립 - 1977. 4: 22명의 장교들 1975년 8월 쿠데타에 연루되어 처형 - 1983: 국왕 Idris 93세로 사망 (쿠데타 당시 터키에서 치료 중이었음) - 1986. 1: 미국, 로마와 비엔나 1985년 테러 공격에 대해 리비아 고발; 미국, 리비아 경제제재조치 강화 - 1986. 3: 미국 전폭기, 리비아 경비정 및 미사일 기지 공격 - 1986. 4: 미국, 테러행위에 대한 보복으로 트리폴리와 벵가지에 야간 폭탄 투하. 카다피 어린 딸 사망, 두 어린 아들 심각한 상해
리비아 · 이탈리아 식민지 손해배상 '우호협력조약' 서명: 2008. 8. 30	- 비준서 교환(2009.3.2)
카다피 정권에 대한 공개적인 불만 시민 시위 시작: 1996.6.	- 1996. 6. 29: 트리폴리 근교의 부살림 교도소 문제가 벵가지 시민들의 감정을 자극한 것이 문제. 한 용병대가 부살림 교도소를 공격, 이슬람주의 단체 소속의 죄수들이 별도로 수감되어 있는 곳에 방화를 함. 1,200명 사망 - 2009년까지 이 사건은 리비아에서 禁른. 그러나 2009년 카다피의 장남 사이프 알 이슬람(Seif al-Islam Gadhafi)이 부살림 교도소와 경찰 책임자가 이 사건으로 인해 법정에 출두하게 될 것이라고 발표. 그날 이후 벵가지 사망자 가족들이 사건의 철저한 조사를 요구하는 집회를 매주 토요일 개최. 이들 집회는 공격받았고, 금지됨. 또한 벵가지의 많은 빈민층이 생활환경 개선을 요구하는 시위 계속, 2010년 1월 몇십 명이 벵가지 시의회 건물 점거 - 이들 시위는 날로 격해짐. 국제적으로도 마침내 튀니지 혁명의 발발 및 알리 대통령의 사임, 그리고 뒤이은 이집트 무라바크 대통령 사임에 자극받은 리비아인들은 42년간 이어온 카다피 독재정권에 불만을 품고, 그의 퇴진을 요구함.
카다피 정권퇴진 시위: 201. 2. 15	- 벵가지 시 시위대 카다피 퇴진요구 행진, 경찰과 충돌, 38명의 부상자가 생김. 다른 동부 도시들에서 카다피 정권 퇴진 요구 시위 격렬함. - 2011. 2. 19: 리비아의 제2의 도시 벵가지의 모든 경찰서 불탐.
2011. 10. 21	카다피 사망

※ 자료출처: 필자가 다양한 자료를 근거로 작성

여 리비아의 국내외 정책에 영향력을 주거나 통제해서는 안 된다는 것을 보장하는 일이었다.

2. 리비아 외교정책 개관

리비아의 외교에서 지리적 위치는 유럽에서 북아프리카로 들어가는 관문으로서 매우 중요한 의미를 지니고 있다(그림 1, 그림 2 참조). 리비아의 외교가 어느 쪽에 가까우냐 하는 문제는 주변국에게 매우 민감한 문제가 되었다. 그래서 리비아의 지리적 특수성 때문에 리비아 외교는 이집트와의 관계가 항상 큰 변수였다. 북아프리카에 있는 리비아의 지리적 조건 때문에 서방 열강은 리비아의 외교에 매우 민감했다. 리비아는 이집트와 서방 열강 사이에서 균형외교를 하지 않으면 안 되었다. 제2차 세계대전 후 리비아는 지중해에서 미국·영국·프랑스의 잠재적 전략적 군사기지로서 그리고 마그립(Maghrib) 국가에 있는 프랑스의 이익과 이집트·수단 등 중동(Middle East)에 있는 영국의 이익 사이에 완충지대로서, 남아프리카·이집트 그리고 동쪽 수에즈 운하로 들어가는 관문으로서 중요한 전략적 가치를 지니고 있다.[14] 리비아와 EU 국가의 관계를 여는 데는 이탈리아가 주요한 역할을 할 수 있었다. 그리고 1951년 유엔 안보리 상임이사국에서 리비아의 유엔 회원국 가입(1954년 가입)에 대해서는 초기에는 소련이 거부권을 행사하고, 서방 측 국가들(the Western Countries)이 찬성하는 복잡한 양상을 띠고 진행된 적이 있다.

빌라드(Henry Villard, 리비아 미국 대표부 외교관)는 이 사실을 인정하고, 1956년에 기고하기를 "당분간 리비아의 전략적 위치는 어느 면에서 가장 중요한 상품이

---

14) Mary-Jane Deeb(1991), *Libya's Foreign Policy in North Africa*, Westview Press, Boulder, San Francisco, Oxford, pp. 23~24.

다. 서방열강의 군사기지 필요성이 중요하게 존재하는 한 리비아의 정치적 · 경제적 안정이 서방 측 강대국에게 직접 · 간접으로 큰 관심사다"[15]라고 하였다. 프랑스는 독립된 리비아가 마그립 국가와 의기 투합하여 이집트에서 프랑스에 대항하여 투쟁하고 있는 알제리와 튀니지(Tunisia) 민족주의자들에게 무기를 운반해 가는 통로가 될 것에 매우 두려움을 가졌다. 프랑스는 우호 · 선린 조약이 체결되어 리비아에서 군대철수를 해야만 했던 1955년까지 페잔(Fezzan)에서 군사기지를 계속 유지하려고 노력했다.

프랑스는 튀니지, 알제리 그리고 서부사하라 아프리카에 대한 인접성 때문에 리비아의 전략적 위치에 큰 관심을 가졌다.

리비아의 지리적 위치가 부분적으로 인접국가와의 관계를 결정해 주었다. 리비아는 한때 상이한 통치자들의 지배를 받았고, 상이한 전통적 문화를 가진 세 지역(Cyrenaica, Tripolitania, Fezzan)으로 구성되었다. 동부에 있는 키레나이카는 수세기 동안 이집트와 밀접한 관계를 유지해 온 지역이다. 서부에 있는 트리폴리타니아는 튀니지와 고대부터 깊은 관계를 맺어 왔고, 남쪽에 있는 페잔은 수단 같은 아랍 국가와 관계를 맺어 왔다.

리비아 건국 제1대 이드리스(Idris) 왕[16]은 20년도 안 되는 집권기간 동안에 일정한 성공을 거두었다. 그는 국내적 내부갈등을 해소하면서, 리비아 국가의 통합성과 정체성을 보존하였다. 정치적 동맹과 외교로서 그는 외부의 침략과 간섭에서 약한 나라를 지켰다. 그는 리비아가 세계에서 가장 빈곤한 나라의 하나인 시절에 식량뿐만 아니라 병원과 학교를 건설하는 데 필요한 외국원조를 획득하였다. 아랍 세계에서 주요한 카리스마적 인물로서 이집트의 나세르(Nasser) 등장처럼, 원유의 발견은 리비아의 정치적 상황을 변모시켰다. 아마도

---

15) Mary-Jane Deeb(1991), p. 23.
16) Lillian Craig Harris(1986), pp. 11~12.

더 젊고 더 적극적인 지도자가 리비아 정치를 변화하는 시대에 적응시키는 데 효과적이었다. 이드리스 1세 왕은 늙고 병들어 국가의 통상업무를 운영하는 데 흥미를 잃고 있었다. 그러나 어느 지도자도 국가와 국민 간의 국내적 갈등 없이 그리고 기존 서방 측 우방 국가와의 연결 끈을 모험하지 않고는 현 상황을 변화시킨다는 것은 거의 불가능하였다. 당시 이드리스 1세 왕의 외교 목표는 다음 승계자의 목표와 같은 것이었다.

1969년 9월 1일, 군부가 쿠데타를 통해서 18년간의 리비아 왕정을 전복하였다. 쿠데타의 중심인물은 카다피(Muammar Al Qathafi) 대위였다. 1969년 9월 13일 수상 마그리비(Maghribi)는 국내외 이슈에 대해 입장을 밝혔다. 그는 모든 아랍주의에 대한 지지(특히 팔레스티나인 조항), 모든 국제협정 존중(특히 석유협정), 리비아에서 일하고 있는 비(非)리비아인(주로 이탈리아인)의 재산보호를 언급했다. 그는 새 정부는 변화된 상황에 비추어 국제적 약속을 검토할 것이라고 하였다. 미국과 영국의 기지는 조약이 만료될 때까지는 어떠한 변화가 없을 것이나, 갱신되지는 않을 것이라고 했다. 그는 1967년 약속한 이집트에 대한 재정원조 제공을 계속할 것이라고 했다. 국내문제에 대한 질문에 대해, 그는 사회정의라는 의미에서 '정의'를 언급했다. 그는 리비아는 외국제도를 모방하지 않을 것이며, 리비아에는 주요한 외국회사가 없으므로 국유화 토론은 의미가 없다고 했다. 쿠데타 후 첫 3주 동안 주도세력은 왕정기간 중 고도의 부패를 개혁하려는 군부 장교와 온건한 시민과 화해했다. 그들은 철저한 민족주의자는 아니지만, 서방 측 강대국가에 대해 적대적이지는 않았다. 군사기지 철수 이후 좋은 관계를 유지할 준비가 되어 있었다.

지역적으로 쿠데타 그룹은 이전 체제보다 더 친아랍적이었고, 아랍주의, 아랍 통일체 그리고 팔레스타인주의를 공개적으로 언급하였다. 그런데 이집트에 대해서는 매우 조심스러웠는데 리비아의 강력한 이웃 국가에 대해 주의

깊게 보는 것 같았고, 재정지원은 계속하지만 통합은 꺼리는 것 같았다. 석유와 관련하여서는 리비아의 온건한 지도자들은 주요 수출품에 대해서는 더 좋은 조건을 원하지만 미국·영국 그리고 다른 국가들과의 협정에서 큰 변화를 꺼려했다. 리비아 거주 외국인(주로 이탈리아인)의 재산권은 보호되었고, 사회주의와 사회정의가 토의는 되었지만 제1차 각료회의에서는 경제의 어느 분야도 국유화하지 않았다. 위의 정책들은 실천되지 않았다가 카다피가 권력의 중심에 서면서 공식성명들은 톤과 내용에서 변하기 시작하였는데, 시작은 점차적으로 그다음에는 강력하게 변하기 시작하였다. 행동이 말을 따랐고, 때로는 행동이 말보다 앞서 나갔다. 1969년 9월 16일 카다피는 두 가지 버전의 연설을 하였다. 하나는 학생과 근로자들을 대상으로 강한 어조로 연설을 하였다. 둘째 연설은 상당히 자제력을 지니고 제국주의와 혁명에 대해서는 언급하지 않고 단지 자유와 사회주의 그리고 아랍의 단결에 대해 연설을 하였다. 이틀 후 카다피의 연설은 매우 자제력 있고 신중하였는데, 그는 프랑스와의 관계를 밀접하게 발전시키기를 열망했고 아랍에 대한 우정의 증거로서 이스라엘에 대한 무기금수를 언급하였다. 이것은 유럽 병기고에 있는 신형 무기에 대한 접근을 유지하면서 동시에 반미주의·반영국주의는 그의 혁명의 당위성을 강하게 대변하였다. 카다피는 국가 부의 재분배 수단으로서 국유화를 포함한 사회주의에 대한 해석을 토론하기 시작했다.

이 정책의 실현이 외국은행의 국유화를 시작으로 외국 정유회사의 국유화 그리고 중소 민영 공장 및 상업 기업의 국유화로 줄을 이었다. 카다피는 외교정책에 대해 중립, 비동맹, 전 세계적인 자유와 해방의 이념을 지지한다는 것이다. 그는 역시 자유의 주요한 조건으로서 영국과 미국의 군사기지를 문제삼았다. 그는 첫 한 해 동안 내내 미군기지 문제를 이슈화하였고, 수에즈 운하에서 이집트와 대결하는 방식으로 리비아와 서구 열강의 영웅적 대결을 구축하였다. 영국군 기지와 미군 기지는 임대기간이 끝나기도 전인 1970년에 철수하였다. 마침내 카다피는 완전한 아랍 통합을 달성하기 전에 과도적 단계를 이루려는 일곱 가지 포인트를 제시하였다. 이 일곱 가지 프로그램에는 아랍 자본 기금 창립, 아랍 국가들의 통합된 무역기구, 아랍 정보미디어 통일, 아랍 정보시장 구축, 아랍 자원채취, 아랍의 과학적·기술적 연구기구 창립, 아랍 국가의 경제·무역의 지속적 연구회 등이 포함되었다. 카다피는 국내적·외

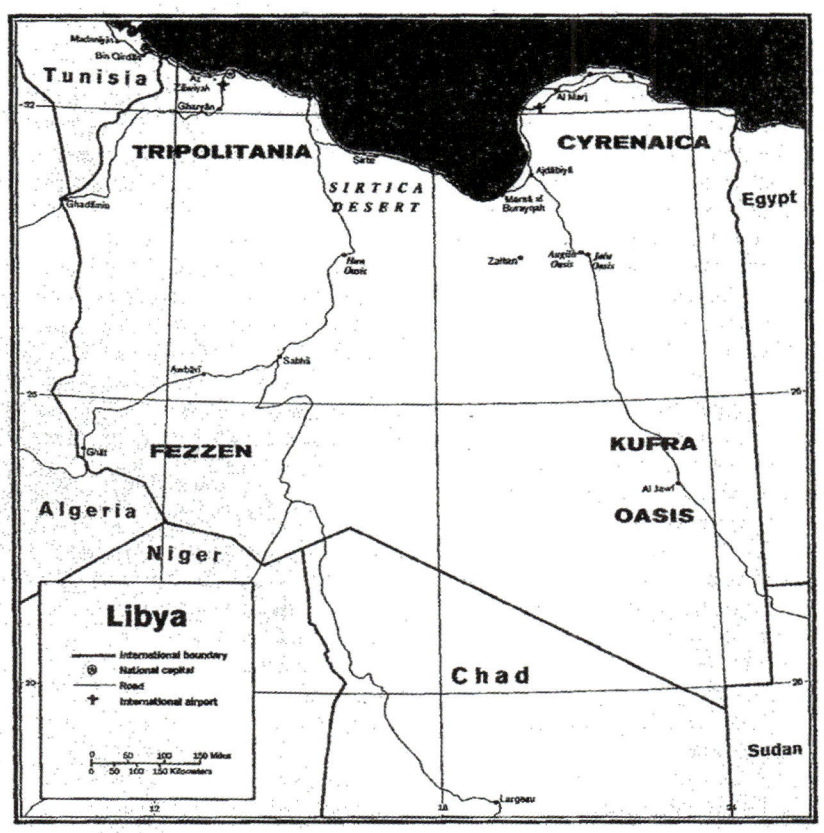

그림 1_ 리비아 지도 1

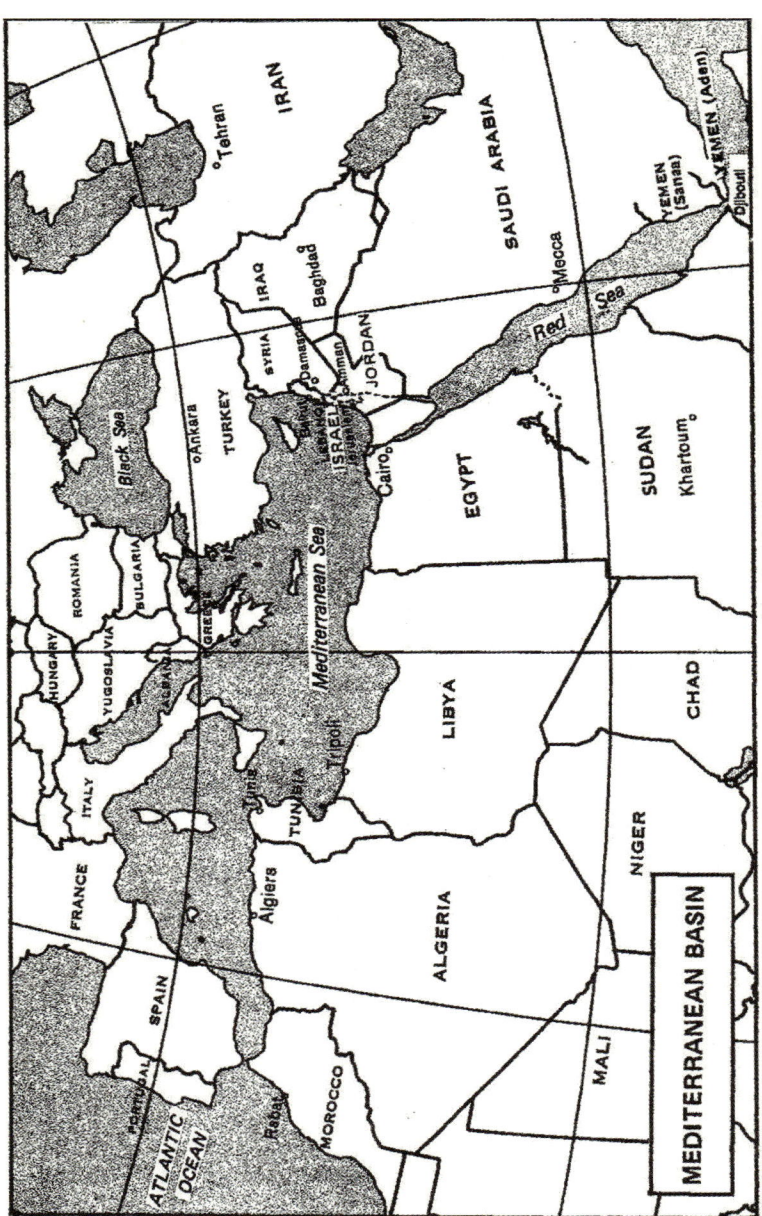

그림 2_ 리비아 지도 2

교적 정책에서 급격한 변화를 추구했다. 카다피는 이집트와의 관계에서는 매우 세심했다.

1970년 9월 28일 나세르의 사망과 더불어 이집트와 리비아 관계의 새로운 시대가 시작되었다.[17)]

1970년 중반에는 리비아 국내의 빈번한 폭동, 석유회사와의 무력분쟁, 외국인 회사의 국유화 및 리비아 거주 이탈리아인의 재산과 회사의 리비아화, 카다피에 반대하는 또 다른 쿠데타 그리고 이스라엘 저항전선 계획 구축을 위한 아랍 순방 등이 점철되었다.

1970년 카다피는 리비아에 잔존하는 이탈리아인 약 2만 명을 추방하도록 명령하였는데, 2000년에 단지 몇백 명만 리비아 귀환을 허용하였다. 그러나 1977년 3월 자마히리아 발표 이후 그의 정치철학과 정권도 안정기에 접어들었다.

III. 리비아·이탈리아 식민지 손해배상 '우호협력조약'의 체결배경

1. 리비아·이탈리아 '우호협력조약' 체결에 영향을 준 국제 시스템 변화의 배경

20세기 수년 동안 지배해 온 국제적 시스템의 변화가 리비아·이탈리아의 관계개선에 명백한 실질적 변화를 가져오게 하였다. 그 주요 요인은 다음과

---

17) Mary-Jane Deeb(1991), pp. 71~72.

같다.

첫째, 소련의 붕괴와 국제정치에서 미소 양극체제의 종결로 미국 중심의 단극화로 가는 국제 시스템의 변화가 첫 요인이다. 동유럽 붕괴 이후 군사 중심의 안보 개념에서 경제 · 사회 · 문화를 포함한 광의의 개념으로 변화[18]가 일어났다.[19]

둘째, 지구촌화 시대에 국가 간 상호 의존성 증가는 외부적 환경변화를 무시할 수 없으며, 개별 국가들은 더 이상 국제사회로부터 고립하여 살아 남을 수 없다. 지구촌화 시스템은 제조업 · 정보통신산업 분야에서의 지속적 혁신 때문에 정치 · 경제 · 사회 · 문화 수준에 극적인 변화가 나타나고 있다.[20]

셋째, 한편으로는 지구촌의 이름으로 주권요소를 약화시키고, 다른 한편으로는 인권보장의 이름으로 테러리즘과 불법이민을 막는 후기 웨스트팔리아 시스템의 존재가 도래하였다.[21]

넷째, 리비아 · 이탈리아 관계는 리비아에 대한 무역과 무기에 대한 엠바고(embargo)를 철회하겠다는 2004년 10월 11일 유럽연합(EU) 결정 이후 새로운 방향으로 전환했다. EU · 리비아 관계는 고위급 수준의 상호접촉으로 극적으로 발전해 갔다. 엠바고 철회 이후 리비아 · 이탈리아 관계는 2008년 8월 30일 벵가지(Benghazi)조약 서명으로 연결되었다. 리비아는 이탈리아와의 조약 체

---

18) C. Mclnnes(1993), "The Military security Agenda," in *The International Politics of Europe, The New Agenda*, ed., G. Rees, London: Routledge, p. 71.
19) Mustafa Abdalla A. Kashiem(2010), " The treaty of Friendship, Partnership and Cooperation between Libya and Italy: From an Awkward past to a Promising Equal partnership," *California Italian Studies Journal*, 1(1), p. 3.
20) R. O. Keohane and J. S. Nye(2000), "Globalization, What's New? And so What?", *Foreign Policy*(Spring 2000), p. 106.
21) Mustafa Abdalla A. Kashiem(2010), p. 4.

결, EU와의 협상과정을 주도한 이후 이탈리아와의 관계를 제도화하는 데 성공하였다. 그리고 리비아는 EU 국가와 미국을 포함한 서방국가들과도 개선되고 제도화된 관계를 위한 문호를 개방하는 데 성공하였다.[22]

유엔 안보리가 1992년 로커비(Lockerbie) 사건[23]에 대한 리비아 제재조치를 과하였다가 2003년 철회하였다. 당시 리비아는 유엔 안보리에 보낸 서한에서 국제 테러리즘에 참여하지 않을 것이며, 대량살상무기 제작을 포기할 것이라고 선언하였다. EU는 1986년에 리비아에 대해 엠바고를 걸었는데 미국만이 2005년 리비아와 외교관계를 회복하였다.

위와 같이 일반적인 리비아 · 이탈리아 공공정책의 지구촌적인 의미, 특히 리비아 외교정책의 지구촌적인 변화는 리비아 · 이탈리아의 국제적 수준에서도 가져왔다.

---

[22] Mustafa Abdalla A. Kashiem(2010), p. 5.
[23] Lockerbie 사건: 1988년 12월 21일 런던 히드로 공항을 떠나 뉴욕으로 가던 팬암 항공 소속 보잉 747 여객기가 스코틀랜드 로커비 상공에서 공중 폭파되어 탑승객인 미국 시민 259명과 잔해가 로커비 마을에 떨어져 시민 11명이 사망한 사건으로, 리비아 정보요원 소행으로 드러났다. 리비아로 도주한 2명의 피고인들에 대한 스코틀랜드 법정의 범죄인 인도 요구에 리비아 정부가 항공법조약과 자국인 불인도원칙을 근거로 협조하지 않아 많은 문제를 일으켰다. UN 안보리의 결정 개입으로 사건이 어느 정도 해결의 실마리를 잡았다. 2001년 1월 범인으로 밝혀진 2명 가운데 1명(알리알 메그라히, 48세)은 유죄판결을 받아 항소했으나 살인죄로 종신형을 선고받았고, 1명(라멘 할리파 피마흐, 44세)은 무죄로 석방되었다. 2002년 10월 희생자 유족들이 리비아 정부와 총 27억 달러의 보상금을 지급받는다는 예비협정에 도달했다. Lockerbie 사건의 상세한 개요와 법적 문제에 대해서는, Douglas Kash Esq(1994), "Libyan Involvement and Legal Obligations in Connection with Bombing of Pan Am Flight 103," *Studies in Conflict and Terrorism*, Vol. 17, No. 1, pp. 23~38 참조.

2. 리비아·이탈리아 양국관계의 발전 배경

　1969년 9월 1일 집권한 카다피는 과거 양국 간 식민지적 멍에와 동시에 서방국의 리비아에 과한 엠바고 때문에 장기간 이탈리아와 불편한 관계에 있었다. 또 1970년에 카다피는 리비아 거주 이탈리아인을 추방하고 그들의 재산을 몰수했다. 그럼에도 국제 테러리즘 국가로 지목된 리비아에 대한 서방국가들의 제재 중에도 리비아에 상주하고 있는 이탈리아 석유회사, 가스회사(Nation Hydrocarbone Cooperation: ENI) 때문에 양국 간의 무역관계는 지속되었다.

　그런데 1986년에는 1년 내내 리비아·이탈리아 양국 간의 정치적 관계가 매우 냉랭했다. 여기에는 미국과 리비아의 관계 악화도 그 한 요인이었다. 독일의 한 호프집에서 리비아인의 폭탄 테러로 미군이 사망하자 미국은 이에 대한 보복으로 트리폴리와 벵가지 시에 미사일을 발사하였다. 또 이어 스코틀랜드의 로커비[24] 마을 상공에서 미국 팬암(Pan Am)기 폭파사건 등으로 인해 리비아는 국제사회에서 테러리스트 국가로 낙인찍혀 고립되어 있었다.[25]

　그런데 탈냉전과 더불어 수년 전부터 양국관계가 개선되면서 이탈리아는 리비아 유럽 외교의 대화 상대자이자 무역 파트너 역할을 하면서 카다피의 서방 접근 정책을 지원했다.

　2008년 8월 30, 31일 양일 간 1911년부터 제2차 세계대전 종료시까지 리비아를 식민 지배했던 이탈리아의 총리 베를루스코니(Silvio Berlusconi)와 리비아 지도자 카다피는 식민지 지배 시기의 미청산 문제를 풀기 위해 리비아와 이탈

---

24) Douglas Kash Esq(1994), pp. 23~38.
25) Natalino Ronzitti(2009), "The Treaty on Friendship, Partnership and Cooperation between Italy and Libya: New Prospects for Cooperation in the Mediterranean?," *Bulletin of Italian Politics*, Vol. 1, No. 1, p. 125.

리아를 상호 방문하였다. 먼저 2008년 8월 30일 이탈리아 총리 베를루스코니는 이전 이탈리아 정부가 벌여온 긴 협상을 끝내고 리비아 벵가지로 날아가 리비아 카다피 지도자와 역사적인 '리비아 · 이탈리아 우호협력조약'에 서명하였다. 다음날인 2008년 8월 31일에는 카다피가 이탈리아를 국빈 방문하였다. 이어 9월에는 이탈리아 총리가 교대로 리비아를 방문하여 각각 의회에서 조약을 비준하였다. 이 조약 조인은 식민지시대와 독립 이후의 적대관계를 청산하고 새 역사를 쓰기 위함이라고 한다.

이탈리아 총리 베를루스코니는 역사적인 '이탈리아 · 리비아 우호협력조약' 문서에 서명하면서 식민지 통치기간 중 리비아 인민에 대해 이탈리아 국가에서 자행한 역사적인 잔학성과 억압을 인정하였다. 그는 역사적인 문서에서 "이탈리아는 식민지 기간 중 리비아 인민들의 억압, 살인 그리고 파괴행위에 대해 사과한다(apologise). 이것은 식민지 기간 중 이탈리아가 리비아에 가한 완전하고 도덕적 손해의 인정이다"라고 강한 용어로 표현하였다.

8월 30일 벵가지에 있는 천막 안에서 이탈리아 총리는 이탈리아 식민지배 시 리비아 저항군 영웅 무크타르의 아들에 상징적으로 절을 하였다.

이탈리아 총리는 카다피 지도자 환영사에서 강한 어조로 식민지 기간에 대한 사과를 다음과 같이 표현했다.[26]

> In the name of the Italian people, as head of the government, I feel it my duty to apolozise and express my sorrow for what happened many years ago and left a scar on many of your families.[27]

---

[26] Natalino Ronzitti(2009), p. 125.
[27] *Corriere della Sera*(August 30, 2008).

2009년 2월 6일 이탈리아가 우호협력조약을 먼저 비준하였고, 2009년 3월 2일에는 이탈리아 총리가 리비아 트리폴리를 방문하는 때를 맞추어 바로 그 날 비준하고 이어 비준서를 상호교환하여 조약을 발효시켰다. 벵가지조약에 대해 정치인, 학자, 평론가 그리고 국제기구의 유명인사들이 다양한 반응을 보였다. 일부 사람들은 동 조약의 특정규정을 반대하거나 유보할 수도 있다 하고, 다른 일부 사람들은 벵가지조약을 지지하고, 나아가 양국 간 의견 차이를 좁히는 과정의 첫 단계라고 평가했다.[28] 벵가지조약은 양자 간 동반자 협정이기 때문에, 그것은 세 가지 차원, 즉 정치안보적 차원, 경제·재정적 차원, 사회 문화적 차원을 자동적으로 반영하고 있다.

이탈리아 총리는 2008년 8월 30일 우호협력조약 서명 당일에 2007년 이탈리아 행정법원이 리비아에 돌려주어야 한다고 판시한, 식민지 기간에 이탈리아로 강제로 가져갔던 비너스 상(The Statue of the Venus of Cyrene)을 리비아에 돌려주었다.[29]

그런데 당시 국제적으로 이집트에 불어닥친 반체제운동의 영향으로 리비아에서 카다피 정권에 불만을 품은 시민세력이 2011년 2월 카다피 정권의 퇴진을 요구하며 시위가 일어났다.[30] 2011년 3월 리비아 시민전쟁의 결과로 벵가지조약 이행[31]이 일시 중단되었다가[32] 최근 다시 이어지고 있다. 카다피와 개인적인 친분을 맺어온 이탈리아 베를루스코니 총리는 전세가 시민군 쪽으로 기운 지난 2011년 5월 리비아 국가과도위원회(National Transitional Council: NTC)의 거점인

---

28) Mustafa Abdalla A. Kashiem(2010), p. 1.
29) Natalino Ronzitti(2009), p. 125.
30) *The Tripoli Post*(10, January, 2012).
31) 벵가지조약 제3조는 직접·간접으로 무력사용 및 위협을 금지하고 있다.
32) Italy suspends friendship treaty with Libya, February 28, 2011, CNN(Tum Watkins).

벵가지에 영사관을 개설하는 등 시민군에 대한 지지를 천명했는데, NATO가 이끄는 군사작전 초기에는 참여를 주저했다.

IV. 리비아 · 이탈리아 식민지 손해배상 '우호협력 조약'의 내용

1. 벵가지조약의 목적

벵가지조약은 이탈리아의 리비아 식민지 기간 중 이탈리아 국가책임에 대한 리비아의 청구권문제에 대한 양국 간 분쟁시대를 종결하는 데 있다. 실제로 베를루스코니 이탈리아 총리는 솔직한 용어로 식민지 기간에 대한 사과(regret)를 표명하였다. 그것도 식민지 기간 중 이탈리아 군사정부가 점령하였던 동일 장소에서 사과를 표명하였다.[33]

벵가지조약은 긴 역사적 배경과 과정을 반영하고 있다. 1952년 이래 양국 간 관계 검토는 26개 협정[34]에 잘 나타나 있다.

---

[33] Mustafa Abdalla A. Kashiem(2010), p. 1.
[34] 26개 협정 중에 다음 조약이 포함되어 있다. 경제 · 과학 · 기술 협력에 대한 협정(1974, Rome), 이탈리아로 강제송환된 리비아시민의 문제에 대한 구두협정(1988, Tripoli), 1911~1943년 기간 중 이탈리아에 의해 강제송환되어 죄수로 끌려간 리비아인의 운명에 대한 기록 문서적 연구에 대한 구두협정(1989, Rome), 역사적 분쟁을 종결짓는 공동선언(1998, Rome), 테러리즘 · 조직범죄 · 불법이민과의 전쟁에 대한 협정(2000, Rome), 문화 · 과학 · 기술 조정과 협력에 대한 협정(2003, Tripoli), 불법이민문제를 효과적으로 처리하는 양자 협력 의정서(2007, Rome), 리비아 · 이탈리아 우호 · 협력 동반자 조약(2008, Benghazi).

2. 벵가지조약의 형식적 틀

26개 협정 중 '리비아·이탈리아 우호협력조약'은 다음과 같이 전문, 4개 장, 23조항으로 구성되어 있다. 조약문은 이탈리아어[35]와 아랍어이고, 양 언어로 된 조약이 모두 정본이다.

1) 전문

2) 제1장: 7개 조항을 포함한 일반원칙
    - 국제적 정당성 존중(제1조)
    - 주권 평등 (제2조)
    - 힘의 사용 및 위협의 금지(제3조)
    - 국내문제 불간섭(제4조)
    - 분쟁의 평화적 해결(제5조)
    - 인권과 기본권의 존중(제6조)
    - 문화와 문명 간의 대화(제7조)

3) 제2장: 다음 단계를 통한 역사적 분쟁 종결(제8조~제13조):
    - 기본적 사회간접시설 구축(제8조)
    - 공동위원회 구성(제9조)
    - 특별조치(제10조)
    - 1970년대 강제 송환된 이탈리아 시민에 대한 비자 문제(제11조)
    - 사회기금(Social Fund)[36] 창립(제12조)
    - 이탈리아 부채 문제(제13조)

---

35) The Text of the treaty in Italian: Annexion to the law authorising the ratification and implementation (Law no. 7 of 6 February 2009).
36) 여기서 사회기금의 목적은 대인지뢰의 폭발로 상해를 당하거나 영향을 입은 리비아 시민들의 치료 및 지뢰 제거를 위한 프로그램 재정 후원에 있다.

4) 제3장: 양자관계를 고양시키고 발전시키는 동등한 새 동반관계의 창립
(제14조~제22조)
- 두 개 위원회 구성: 최고위층급 위원회와 외교부서급 위원회(제15조)
- 과학분야 협력(제15조)
- 문화분야 협력(제16조)
- 산업과 경제분야 협력(제17조)
- 에너지(제18조)
- 테러리즘, 조직범죄, 마약, 불법이민(제19조)
- 국방(제20조)
- WMD 비확산(제21조)
- 국회와 시민사회 간의 협력(제22조)

5) 제4장: 종결 규정(제23조)

3. 벵가지조약의 내용 분석

전문을 제외하고 조약 내용[37]은 크게 일반원칙(제1장), 식민지 종결과 분쟁해결(제2장), 동반자 관계 발전(제3장) 등 세 부분으로 구성되었다.

조약의 내용 분석은 조약문의 해석론적 전통적 분석과 더불어 데이터(data)와 방법론(methodology) 차원의 분석[38]을 병행할 것이다. 후자의 분석에서는 조약에서 사용된 단어(words)의 빈도수 비율이라는 분석기술을 가지고 조약 전체의 의미를 해석하고 분석한다.

---

[37] 벵가지조약의 내용은 1998년 7월 4일 양국 외무장관이 서명한 '역사적 분쟁을 종결짓는 공동선언(1998, Rome)'에 이미 포함되어 있다. 다만 양국 간의 외교관계의 진전되지 못한 이유로 지연된 것이다. Natalino Ronzitti(2009), p. 126.

[38] Mustafa Abdalla A. Kashiem(2010), pp. 1~5, Kashiem은 이 논문에서 data와 methodology를 가지고 벵가지조약 내용을 분석하였다.

1) 전문 내용의 분석

첫째로 조약의 전문 내용에 대해 전통적인 해석론적 분석을 우선 해 보자.

전문은 긴 문장으로, 이탈리아 식민지가 리비아 국민들에게 끼친 과거 고통에 대한 사과를 표명하는 과거 고통의 장(chpter)을 종결짓는 의지를 담고 있다. 요약하면 리비아는 이탈리아 식민지의 유죄 선고를 확인받으려고 하였다. 이러한 이탈리아 식민지의 범죄성이 조약의 여러 규정 속에 반영되어 있다. 다시 말해 ① 이탈리아 식민지 지배 공식 사과, ② 식민지배의 유죄 확인이 전문에 규정되어 있다. 또 전문은 리비아에 대한 엠바고를 철회하는 데 이탈리아의 기여를 강조하고 있어 흥미롭다. 또 조약 전문에서 양국이 유럽연합(EU)과 아프리카연합(AU)에서 추구하는 각자의 역할을 상기하면서 양국관계를 발전시키려고 하였다.

둘째로 데이터와 방법론 차원의 분석기술에 따라 전문에 '협력(cooperation)'이라는 단어와 기타 단어들이 몇 번씩 사용되고 있는지 분석해 본다. 전문에 나온 선별된 총 38개 단어 중에 '협력'이라는 단어는 5회로 13.15%, '동반자(partnership)'는 3회로 7.89%, '우호(friendship)'는 2회로 5.26%, '자발성(willingness)'은 2회로 5.26%, '식민지주의(colonialism)'는 2회로 5.26%, '양자관계(bilateral relations)'는 2회로 5.26%, '공동유산(common heritages)' · '평화(peace)'는 각각 1회로 2.6%라고 분석한다.

위에서 '협력'이라는 단어가 총 빈도수 38회 중 5회(13.15 %)로 가장 많다. 양자협력은 세 가지 상이한 영역, 즉 정치 · 경제 · 문화적 측면에서 반영되고 있다. 평화 · 안보 · 안정 · 권위 · 상호존중 등은 정치적 협력을 반영하고, 반면에 성장 · 통합은 경제협력을 반영하고, 공동유산은 문화적 협력을 반영한다. 결론적으로 이탈리아와 리비아 간 협력의 다양한 측면을 모두 반영하는 총 퍼센트는 총 빈도수의 3분의 1(약 35.20%)을 넘는다. 그러므로 전문에서는 양국이 정치·경제·문화 영역에서 협력의 중요성을 강조하고 있다고 볼 수 있다. 그리고 38회 중 단지 1회(2.63%)만 사용된 '통합'이라는 단어는 일반적으로 리비아·이탈리아 간의 실제적 무역관계를 반영하고 있다. 이탈리아는 리비아의 주요 무역 파트너로 보이지만, 이탈리아에게 리비아는 주요한 파트너가 아니다. 제조품은 이탈리아가 리비아에 수출하는 주요 품목이며, 원유와 가스는 리비아가 이탈리아에 수출하는 주요 품목이다.

벵가지조약은 양자관계를 새로운 시대에 맞게 추진시켰고, 그 결과로서 조약 전문은 동반자(7.90%), 우호(5.26%), 자발성(5.26%), 적대적 과거 파일의 종식(2.63%) 같은 단어를 포함했다. 이 처럼 두 국가 사이의 새 동반자 관계는 환경보호 같은 지구촌적 현안 이슈까지 확장 발전되고 있다. 조약의 전문은 주로 과거의 고통을 종식하려는 자발성(willingness)(5.26%)을 보여준다. 그래서 베를루스코니는 이탈리아 총리로서 그의 권한범위 내에서 리비아 국민에게 끼친 고통에 대해 사과하였다. 나아가 조약의 전문은 리비아와 이탈리아가 각각 아프카연합과 유럽연합의 중요한 회원국으로서 동시에 양자관계의 틀 범위 내에서 지역협력의 중요성을 강조한다. 'apology'란 단어는 전문에서 언급되었고, 벵가지조약 전 텍스트에 단 한번 나온다. 그러나 그것의 효과는 그 빈도수라는 양적 차원을 넘어 확대적 효과[39]를 가진다. 이전 식민지 열강이 과거 식민지 피해국에 직접 사과한 것은 역사상 처음이다. 이로써 영국·프랑스 같은 다른 서구 식민지 열강으로부터 더 많은 사과를 유도할 수 있을 것이다.

---

39) Jurgen Zimmerer and Dominik Schaller(2008), "Settlers, Imperialism, Genocide, Introduction: Apologies and the Need to right Historical Wrongs," *Journal of Genocide Research*, 10:4(December 2008), pp. 475~477.

2) 조약의 일반원칙 내용(제1장, 제1조~제7조) 분석

첫째로 조약 제1장 내용에 대해 전통적인 해석론적 분석을 해 보자.

7개 일반원칙의 대부분은 국제관습법 혹은 유엔헌장에서 유래하는 규범을 반복하고 있다. 즉, 주권평등의 원칙, 힘의 위협 및 사용의 금지, 국내문제 불간섭, 인권과 기본적 자유의 존중 등이다. 그런데 몇 개의 원칙은 중립성이 없다. 예를 들면, 동 규정은 각자의 영토 내에서 발생한 적대행위의 수행을 금지하고 있는데 이것이 나토 회원국의 임무와 일치하지 않는다는 언론보도를 퍼뜨렸다. 그러나 실제로 이것은 불가침조약이 아니다. 그러므로 리비아가 조약 규정대로 국제적 정당성을 어기고 행위하였다면, 이것은 나토 조약과 일치하지 않는 것이 아니다. 그런데도 미국 함대가 이탈리아 기지를 출발한 후 공해 자유를 주장하기 위해 시드라(Sidra) 만으로 항해한다면, 더 복잡한 문제가 발생할 수 있다.

둘째로 조약의 제1장 내용을 데이터와 방법론 차원의 기술로 분석해 보자.

벵가지조약은 정치·경제·문화 영역에서 양자 협력의 중요성을 강조한다(10.92%). 그래서 협력을 나타내는 처음 10개의 단어 사용 비중은 총 빈도수 비중 가운데 44%를 넘는다. 예를 들면 10개의 단어 중에는 Italian Companies(7.10%), enterprises(4.9%), Joint Committee(3.8%), social fund(3.8%), partnership(3.27%) 등이 포함된다.

벵가지조약은 국제법과 국제규범에 대한 양 당사국의 합의사항을 규정하고 있다. 이와 관련하여 조약을 통해 강조되는 다음과 같은 8개 일반원칙을 포함하고 있다.

① 국가 책임의 원칙
② 유엔헌장상 자위권
③ 주권평등의 원칙

④ 힘의 사용 및 위협의 금지(1.09%)

⑤ 국내문제 불간섭의 원칙(1.09%)

⑥ 인권과 기본적 자유의 존중 원칙

⑦ 잠재적 적이나 침략을 위해 쌍방 영토의 불사용(1.09%)

⑧ 불법이민의 방지(2.7%)

이미 언급했듯이 경제협력(economic cooperation)을 반영한 단어의 사용 빈도 수는 비중이 매우 높다(15.29%). 그 결과 이탈리아는 리비아 국민에게 보상을 위해 50억 US 달러 가치의 기본적 사회간접시설(basic infrastructure)을 건설해 줄 책임이 있다. 연간 지출은 2억 5천만 US 달러이고, 20년을 거치한다. 비록 총 보상 금액이 이탈리아 관점에서는 실질적으로 보이지만, 리비아인에게는 그렇게 보이지 않는 것은 명확하다. 50억 US 달러는 벵가지조약 서명 여파에서 양국 간 관계에 상징적 새로운 차원을 반영하고 있다.

3) 역사적 식민지 청산과 분쟁 종결(제2장, 제8조~제13조) 분석

제2장은 식민지 과거청산에 따른 분쟁의 평화적 해결에 초점을 둔다. 우선 조약 본문의 해석론적 평가를 한다.

'리비아·이탈리아 우호협력조약' 제2장은 식민지 과거사를 종결짓는 조항이기 때문에 가장 예민한 부분이다. 이탈리아는 리비아를 위해서 총 50억 US 달러의 기본적 사회간접시설을 건축해 주기로 약속했다. 물론 IRES 증가에 맞추어 연간 지출 2억 5천만 US 달러씩 25년간에 걸쳐 지불한다. 한 예로 이탈리아에 본부를 둔 연구·개발분야 하이드로카본(Hydrocarbon) 회사에서 활동하는 것이다. 작업은 이탈리아에서 직접 경영되는 기금을 가진 이탈리아 회사를 통해 이루어진다. 결국 기금도 리비아에 바로 이전되지 않는다. 그 작업도 비EU 국가들에서 수행되기 때문에, 계약에 관한 EU 법령은 유효하지 않고, 이탈리아 회사에 유리한 배타적 제한조건만이 통한다. 그러나 20년은 긴 기간이며, 이 총 50억 US 달러 수행 작업은 조약에서 규정한 '공동위원회(Joint Commission)'의 지혜와 상식에 따라 조약 목적에 맞게 수행될 것이다. 식민기간 중 강제로 이탈리아에 가져갔던 고대유물의 반환, 대인지뢰 폭발로 인한 희생자 재활 및 장학사업 같은 리비아인의 이익을 위한 특별사업 제안들은 여전히 이탈리아의 국가책임으로 남아 있다.

이탈리아의 조약은 매우 실질적이다. 무엇이 리비아인에게 실제로 유익한 것인가 하는 문제를 다룬다. 아직도 이탈리아 회사에 대한 부채액 지불을 위해서 '공동위원회' 내에 협정을 위한 계약이 있다. 일반적으로 6억 2천만 유로로 추산되는 이탈리아 회사에 대한 부채 총액은 어디에도 기록이 없고, 재지불 시기도 규정하지 않고 있다. 이탈리아 회사들이 재정적 · 행정적 부채를 합산하였기 때문에, 보상액 50억 US 달러가 충분하지 않을 것이라는 위험성이 있을 수 있다. 어떤 식자는 이탈리아가 사회간접시설 건설을 위한 분할지급액에서 이탈리아 회사에 대해 진 부채액을 감할 수도 있다고도 주장한다. 그러나 이것은 조약의 종료를 의미하게 될 것이다. 더욱이 법적 관점에서 볼 때, 이러한 메커니즘은 신뢰하기가 불가능하다. 왜냐하면 이탈리아 회사가 요구하는 금액은 최소한 조약상 규정되어 있지 않기 때문이다. 반면에 리비아를 위한 사회간접자본 시설 건설은 조약에 규정되어 있다.

또 제2장에서 다룬 민감한 문제는 리비아에서 추방된 이탈리아 국민들에 관한 문제다. '우호협력조약'은 약 2만 명의 이탈리아인에 대한 손해보상을 규정하지 않고 있다. 이 약 2만 명의 강제추방은 카다피가 1970년 권력을 장악한 이후에 이루어진 일이다. 이탈리아는 기본적으로 이 문제를 이미 빼버린 것처럼 보인다. 이러한 부정의를 바로잡기 위해서는 '우호협력조약'의 비준과 집행을 법적으로 인정하게 하는 손해배상에 대한 절차법을 도입한다. 예를 들면, 이탈리아는 법률상(1066 · 1971) 합의한 것보다 약간 높은 금액인 2억 5천만 유로를 지불하지만, 그것은 아직도 리비아에서 추방당한 사람들의 청구금액을 커버하지 못한다. 조약상에는 그들은 단지 임시 비재정적 조항의 목표이다. 지금까지 리비아 법률은 추방된 자들의 리비아 입국을 금하고 있다. 이제는 조약 제11조에서 리비아가 그들에게 여행, 노동 및 여타 목적을 위해 비자 발급을 허용하고 있다. 이 조항은 추방령이 있기 전에 자발적으로 리비아를 떠났던 이탈리아 시민들에게도 역시 적용한다.

둘째로 조약 제2장의 내용을 데이터(data)와 방법론(methodology) 차원의 기술로 분석해 보자.

고대유물(2.18%)과 문화재(1.63%) 문제는 두 나라 사이에서 해결해야 할 또 다른 딜레마였다. 벵가지조약 제10조 제4항은 모든 문화재와 고대유물은 리비아로 반환해야 하고, 이와 관련하여 공동위원회가 무엇을 이탈리아에서 반환해야 할 것인지를 결정할 것이라고 강조하고 있다. 실제로 이탈리아 베를루스코니 총리는 신뢰의 상징으로 비너스 상을 리비아에 직접 가져다주었다. 비너스 상은 다른 문화재와 함께 식민지 기간 중 리비아에서 이탈리아로 가져간 것인데, 리비아가 반환을 주장하였다.

이탈리아의 관심사항은 조약에서 부채와 입국 비자 같은 것이고, 리비아의 관심사항은 주로 사회기금, 인프라, 지뢰문제, 장학금 등이다. 양국의 공통 관심사항은 대량파괴무기(WMD)의 비확산, 합작투자(joint company), 테러리즘 위협, 조직범죄와 불법마약에 대한 공동 대응 등이다.

4) 동반자 관계 발전(제3장, 제14조~제23조)

제3장은 과거 식민역사 청산을 기초로 미래지향적으로 양국 간의 발전 방

향을 약속한 것이다.

첫째로 조약문헌의 해석론적 분석을 한다.

벵가지조약의 가장 야심찬 부분은 동반자에 대한 제3장 부분이다. 제3장은 주로 실무적인 성격을 띠고 있다. 그것은 불법적 이민자와의 전쟁를 제외하고는 어떤 기금도 할당하지 않는다. 많은 영역에서 협력이 예상되고 있다. 즉, 문화, 과학, 경제, 산업, 에너지, 국방비 확산과 군축, 반테러리즘과 반불법이민 등이다. 조약의 국제협정의 완전한 준수의무는 지중해 지역을 대량파괴무기(WMD) 해방지역으로 만드는 가능성을 예견하고 있다. 그러나 아직도 조약 제3장의 몇 조항이 지중해를 비핵화 지역으로 혹은 지중해를 핵무기 자유지대로 전환하는 데 도움이 될 수 있는지 의아심이 든다. 그런데도 이 규정은 2009년 4월 정상회의 중 미국 오바마(Barack Obama) 대통령이 제안한 'Zero Option'으로 새로운 생기를 얻게 되었다.

가장 흥미 있는 규정은 불법이민에 맞서는 전쟁, 특히 바다를 통한 불법이민에 관한 전쟁이다(제19조). 이탈리아 내무성 최근 통계에 따르면, 이러한 불법이민 현상은 전년도에 비교하여 2009년 4월 초에 크게 증가하였다. 벵가지조약 제19조는 이와 관련하여 두 가지를 요청한다. 첫째는 2007년에 규정된 이민에 관한 규정 및 의정서가 이행되어야 하는데, 리비아·이탈리아 승무원으로 된 혼합위원회가 약 2,000km의 리비아 해안을 이탈리아가 제공하는 순시선으로 감시한다. 6척의 순시선은 2009년 5월 15일 작동하기 시작했다. 다른 한편 리비아 육상국경은 이탈리아와 EU가 공동으로 재정지원을 하는 인공위성 탐지기가 감시할 예정이다. 인공위성 탐지기는 그 재정후원이 결정되지는 않았지만, 비용이 많이 든다. 리비아는 일반적으로 EU에 대해(특히 이탈리아에 대해) 외교정책 수단으로서 불법이민을 활용한다. 불법이민 이슈와 관련하여 리비아와 미국·영국·프랑스의 관계에서 치열한 경쟁은 이탈리아 국가이익을 위협하였다. 그러므로 리비아에 대한 이탈리아의 손해보상 지불은 리비아에 기본 사회간접시설 건설을 목표로 하는 것이 아니고, 특별히 이탈리아 국경을 불법이민에서 안전하게 지키고, 나아가 경쟁적인 서방 열강에 대항하여 이탈리아군 주둔을 지원하고, 이탈리아를 위해 원유와 가스를 확보하는 데 있다.

둘째로 조약의 제3장 내용을 데이터와 방법론적 차원에서 분석한다.

제3장에서 사용된 단어의 횟수를 상세히 검토해 보면, 벵가지조약을 체결한 정치적 동기가 매우 명백하다. 새로운 정치적 동반자 관계가 총리 및 외교부장관 같은 최고위 수준에서 조직되어 관리된다. 이것은 합동위원회(Joint Committee, 3.82%) 및 동반자위원회(Partnership Committee, 2.18%), 재검토위원회(Follow up Committee, 1.1%) 같은 정치적 동반자 용어 사용이 총 선택된 단어 빈도수 중에 7%에 이른다. 정치적 동반자 관계는 정치적 대화, 국제적 정당성, UN, 주권, 정치적 독립, 무력사용 금지, 불간섭, 불가침과 같은 다양한 공통의 관심사항으로 확대되어 발전된다.

나아가 벵가지조약은 양국의 동반자 관계를 문화, 과학, 경제, 산업, 에너지 같은 기능적 영역으로 확장시킨다. 리비아는 일방적으로 21세기 초반에 대량파괴무기(WMD) 시설을 공개하고, 장기적으로 지중해를 대량파괴무기 해방지역으로 할 것이라고 한다(제21조).

제19조의 불법이민은 가장 많이 사용된 용어(2.73%)다. 조약의 제3장이 강조하는 불법이민은 가장 논란이 되는 정치적 논쟁 사안이다. 더욱이 불법이민은 21세기 초기에 남북 간 대결의 현안 모습을 보여준다. 이탈리아와 리비아는 모두 인권보호에 대한 보편적·지역적 조약문서의 당사국이다. 그러나 리비아는 1951년 난민협약의 당사국이 아니기 때문에 난민과 같은 불법이민을 대우해 줄 의무가 없다.

벵가지조약은 양자 간에 조정과 협력의 노력을 제고시키기 위해서 동반자

관계의 과정을 효과적으로 처리해 줄 운영기구를 구성한다. 불법이민의 처리 문제도 당 기구의 주요 사항 중 하나다. 용어 사용 빈도수를 보면, 동반자위원회(Partnership Committee, 2.18%), 재검토위원회(A Follow up Committee, 1.10%) 등이다.

이러한 불법이민자 규정이 돌아가거나 사막에 내버려진 이민자들의 운명에 대한 인권문제를 강력히 야기하는 조약 부분이다. 리비아·이탈리아 양국은 2000년 육로, 해상, 공중을 통한 인신매매에 맞서 싸워 이들을 체포하기위한 '반조직범죄 2000년 UN 의정서' 당사국이다. 그런데 리비아는 비록 인권보장 보편문서와 지역 인권문서에 비준하였지만, 1951년 난민협정 당사국은 아니다.

보다시피, 동반자 관계(partnership)란 실행 중에 좀 더 구체적으로 정의 내려야 하는 복잡한 합의사항을 포함한다. 바로 이러한 목적으로 운영체제가 다음과 같이 확립되어야 한다.

• 동반자위원회 : 이탈리아 수상과 리비아의 전체인민위원회 사무총장으로 구성. 위원회는 연례적으로 이탈리아와 리비아에서 번갈아가면서 회합한다. 위원회는 조약을 이행하는 데 필요한 시행규정을 채택한다.

• 실행위원회(Implementation Committee) : 이탈리아는 외무장관, 리비아는 외교문제와 국제협력을 위한 전체인민위원회 사무총장으로 구성. 이탈리아와 리비아를 번갈아가면서 연례 회합한다. 특별회의는 조약의 위반을 주장하는 어느 한쪽의 요구로 개최. 이 경우 위원회 기능은 분쟁해결기구가 된다.

• 리비아·이탈리아 양 당사국 간 정기적 협의 : 조약은 이탈리아 총리가 시르테(Sirte)를 방문, 비준서를 교환한 2009년 3월 2일 발효되었다.

• 경제적 이해와 국내적 역동성 사이의 실질적 동반자 관계

이 조약은 어떻게 평가할 수 있을까? 우선 조약의 많은 규정이 실용적인 성

격을 띠고, 어떻게 실행될 것인가에 좌우된다. 마찬가지로 이것은 리비아 체제의 발전과 양 당사자의 의지에 많이 좌우될 것이다.

서구형의 민주주의가 리비아에서는 많이 결핍되어 있다는 것은 잘 알려져 있다. 그 결과로서 문제의 초점은 리비아와 서방국가 사이에서 이러한 광범위한 외교적 정상화를 통해 어떤 종류의 국내적 강조점이 권력분립상·조약상 상기 원칙들의 이행과 현대 헌법의 채택이라는 의미에서 이루어질 것인가에 달려 있을 것이다.

확실히 조약은 이탈리아에게는 실질적으로 많은 지출을 요구하지만, 전체적으로는 실질적 동반자를 위한 좋은 틀을 대변하고 있다. 이탈리아에서 리비아 투자는 증가하고 있다. 트리폴리(Tripoli)에 있는 정부가 외교 채널을 가동하여 리비아 주권기금에서 신선한 자본을 투자하기 위해 어느 이탈리아 회사와 어느 분야에 투입시켜야 하는지를 의논하기 위한 회합을 조직한다.

5) 종결규정(제4장, 제23조)

벵가지조약의 마지막 조항들은 양국 간의 군사협력을 다룬다. 국방산업 분야에서 협력이 예상된다.

양국의 협력과 우호, 그리고 동반자 관계의 발전은 다음과 같은 세심한 방법으로 집행되어야 할 것이다.

- 조약체결일(8. 30)은 우정의 날(Friendship day)로 확정하여 양국에서 축하하고, 이것은 양국 국민 사이의 동반자 관계를 더욱 제고시킬 것이다.
- 각 나라는 적절한 정치제도를 선택할 권리가 있고, 어느 쪽도 상대방에게 자기 것을 요구하지 않는다.
- 선린(善隣)은 새 천년에 두 나라 간의 파너십의 새 정신이다.
- 인권과 1948년 유엔 인권선언을 존중하는 것은 새 동반자 관계의 기초다.

- 양국은 공동의 문화와 유산을 가지고 있으며, 양국의 이해를 위해 더욱 강화 발전시킬 것이다.
- 대화는 양국 간 차이를 줄이는 최선의 방법이다.
- 이탈리아·리비아 동반자 관계는 새 천년의 과제를 수용하기 때문에, 환경보호는 강조되어야 한다.
- 리비아는 중소기업 분야에서 이탈리아의 경험을 배울 것이며, 이를 통해 리비아는 저개발을 줄여 갈 것이다.
- 리비아·이탈리아 관계의 틀 속에서 국방 분야에서 산업협력은 새로운 방향이다. 상호 방문과 합동 군사훈련은 동반자 관계를 더욱 고양시킬 것이다.
- 이러한 동반자 관계는 희망찬 미래를 촉진하고 나아가 청소년 교류가 강조되어야 한다고 본다.

6) 소결론

'리비아·이탈리아 우호협력조약'은 리비아에 대한 서방세계의 제재 종결에 합의한 두 나라 간 외교적 정상화의 긴 협상의 결론을 의미한다. 긴밀한 양국 간의 끈은 다양한 수준에서 리비아를 국제협력 체제 속으로 통합하는 데 도움을 줄 수 있다.

식민지 유산이 그들의 성장을 억제하기도 하고 정기적으로 긴장을 일으키면서 양국 간의 관계를 오랫동안 조건지어 왔다. 이탈리아에게는 무시할 수 없는 비용으로 식민지에 대한 분쟁을 종식시켜 온 벵가지조약은 양자 간의 관계를 개선하는 데 유리한 분위기를 조성했다. 뿐만 아니라 조약은 많은 영역에서 새로운 협력을 위한 참조할 만한 틀을 제공했다.

양국 간 무역관계는 항상 중요하였고 이탈리아에서 리비아 투자는 최근에 확실히 증가하였기 때문에 경제적 분야는 특히 전망이 좋다. 또 불법이민자 근절이란 측면에서 이 조약의 중요성을 무시할 수가 없다. 그 대가로 리비아는 해안으로부터 불법이민을 막아줄 것이며, 이탈리아 회사에 투자 붐을 일으킬 것이다.

일반적으로 조약의 동반자에 대한 규정은 주로 실용적이다. 더 많은 복잡한 합의가 보다 상세하게 정의될 것이며, 그것을 이행하는 과정은 쉽지는 않을 것이다. 과거에도 다양한 양자 협정이 사문화로 끝나고는 했다. 많은 것이 리비아 체제의 내적 역동성 그리고 리비아의 지역정책과 다른 서방국가의 관계에 좌우될 것이다. 어떻든 이탈리아는 이 조약에 힘입어 리비아와 서방국가 사이의 새로운 관계의 문호를 개방하고, 이 개방을 정착화시키는 데 주요한 기여를 할 수 있을 것이다.

V. 리비아·이탈리아 식민지 손해배상 '우호협력조약'에 대한 국제법적 검토

앞에서 우리는 '리비아·이탈리아 우호협력조약' 체결의 식민지 역사적 배경, 외교정책과 더불어 조약의 형식적 틀, 그리고 조약 내용을 검토하였다. 식민지 역사청산의 관점에서 벵가지조약에 대한 국제법적 평가는 긍정적 평가와 부정적 평가로 갈려 매우 상이하다. 리비아·이탈리아 양 지도자는 벵가지조약 서명을 앞두고 겉으로는 모두 식민지배 사과와 그 범죄성 인정을 강조하면서, 동시에 미래지향적 새로운 동반자 관계 정립을 주장한다. 그러나 양 정치지도자 속내의 강조점은 국내외 정치적 동기에서 실제로 전혀 상이할 수도 있을 것이다. 그래서 다음과 같이 조심스럽게 '리비아·이탈리아 우호협력조약'에 대한 국제법적 평가를 지적하고자 한다.

첫째, 벵가지조약의 구성 형식은 향후 한일 과거청산 협정 체결시 좋은 참고가 될 수 있다. 벵가지조약은 전문, 일반원칙, 과거청산, 미래 동반자 관계설정, 결론 등 다섯 부분으로 이루어져 식민지 청산협정으로서 형식이나 내용에서 매우 적절하다고 본다. 조약은 전문(조약체결정신), 제1장(양국이 준수할 국제법적 일반원칙), 제2장(과거청산, 분쟁해결 방안), 제3장(미래 동반자적 협력관계 설정 방안), 제4장(결론)으로 구성되었는데, 이는 한일관계 청산 협정시 좋은 모델 조약으로 보인다.

벵가지조약 전문은 조약체결의 기본취지로서 식민지 고통 역사에 대한 공식 사과와 범죄성 인정, 제2장은 사과방법과 식민지 종식을 하는 금전적 지불의 명문화, 제3장은 동반자적 관계를 발전시키는 다양한 분야의 방안 제시, 제4장 결론은 국방산업 분야에서 상호 동반자적 협력 등을 합의하였다.

둘째, 벵가지조약은 21세기 들어 최초의 식민지 피해배상 조약의 모델 조약이다. 벵가지조약은 이전 식민지 국가와 식민피통치 국가 사이의 현재의 관계설정을 보여주는 모델로서 기여할 수 있다.

1960년 독일과 프랑스는 한일협정과 유사한 포괄협정을 했지만, 프랑스가 강제징집자의 국가보상을 요구하자 '독·프 이해증진재단'에서 당시 2억 5천만 마르크를 출연하였다. 그럼에도 엄격히 말해서 독일·프랑스 사례는 식민지 피해사례가 아니고, 나치전범 피해자 문제다. 물론 한일관계와 리비아·이탈리아 식민지의 역사적 배경은 전혀 다르다. 그러나 '리비아·이탈리아 우호협력조약'은 명백히 식민지 피해를 사과하고 그 대가성 지불을 합의한 문서다.

셋째, 가해국을 대표하는 이탈리아 국무총리가 가해국의 이름으로 피해국 대표와 피해국 국민에게 직접 공개적으로 사죄하였다.

> In the name of the Italian people, as head of the government, I feel it my duty to apologize and express my sorrow for what happened many years ago and left a scar on many of your families.

넷째, 벵가지조약 전문에는 사죄(apology)와 유감(regret)이라는 용어를 삽입하였다. 국제법상 국가책임 해제의 한 방법인 만족(satisfaction)은 식민지 피해국에 대한 정신적 명예회복으로서 식민지 피해에 대한 사죄와 유감이다.

다섯째, 사과에 대한 증표로서 '50억 US 달러 가치의 기본적 사회간접시설 건설을 연 2억 5천만 US 달러씩 20년 거치 지불'을 벵가지조약은 명시하고 있다. 또 한일 문화재 반환을 위해서 벵가지조약 제10조 제4항은 시사하는 바가 크다. 벵가지조약 제10조 제4항은 모든 문화재와 고대유물은 리비아로 반환되어야 하는데, 이와 관련하여 공동위원회(Common Committee)를 설립, 이 위원회에서 무엇을 이탈리아에서 반환해야 할 것인지를 결정할 것이라고 강조하고 있다.

여섯째, 벵가지조약은 식민지범죄와 전쟁범죄에 대해 공소시효가 없다는 것을 보여준 조약이다. 일본을 비롯한 과거 식민지 가해국이 식민손해배상을 하지 않는 주요 이유 가운데 하나는 공소시효가 지났다는 것이다. 그런데 벵가지조약은 60년이 지났는데도 식민지 피해자에 대한 사과와 이에 대한 50억 US 달러 상당의 기본적 사회간접시설 건설 그리고 문화재 반환을 명시하였다.

일곱째, 벵가지조약은 2001년 유엔이 주최한 인종차별회의 선언문(더반선언)에서 명시한 '식민주의는 21세기의 역사적 청산과제'라는 국제공동체의 지향 정신에 부합된다.

여덟째, 벵가지조약을 데이터와 방법론으로 분석하면, 조약 전문에 선별된

38개 단어 중에서 협력이라는 단어가 가장 많고, 동반자라는 단어가 다음 순이다. 이것은 벵가지조약의 식민과거청산 기초에서 리비아·이탈리아는 신뢰관계를 구축하여 미래지향적으로 양국의 다방면에서 협력하는 발전 모델을 제시한 점이다.

아홉째, 벵가지조약은 그 집행력이 보장되도록 체결되어 있다는 점도 주목해야 할 것이다. 양국의 지속적인 정치적 의지가 제일 중요하므로, 조약의 목표가 효과적으로 집행될 것이다. 뿐만 아니라 제2장의 과거청산 공동위원회(제9조), 제3장의 두 개의 새 동반관계 정립위원회(제15조) 등의 구성은 조약의 집행력을 높이는 데 유익하며, 한일관계 청산과 발전을 위한 모델 조약이 수용할 부분이다.

열째, 조약의 마지막 장 제23조에서 군사분야 협력을 명시하였다. 한일관계 협력에서 가장 금기시되는 분야가 군사협력 분야인데, 벵가지조약은 군사분야 부분에서 새 동반관계 협력을 여러 개 합의한 것은 한일관계의 미래 발전을 위해 세심하게 검토해 보아야 할 사항이다.

열한째, 조약의 상이한 입장을 탐색하고 처리하기 위하여 양국의 학자들이 참가하는 세미나, 학문적 워크숍 및 많은 후속 회합이 매우 필요하다. 이는 한일 간 과거청산 협정시에도 참고해야 할 것이다.

위의 긍정적 평가에 못지않게 식민지 과거청산이라는 엄격한 기준에서 벵가지조약은 매우 미흡하다는 지적도 있다.

부정적 비판의 초점은 이탈리아가 리비아에 지불하는 50억 US 달러가 진정한 손해배상(reparations)으로 모아진다. 손해배상은 반드시 금전일 필요가 없다. 국제법상 손해배상이란 가해자가 어떤 범죄의 결과로서 고통을 당한 피해자에게 다양한 손해형태로 국가 책임를 해제하는 데 활용되는 모든 조치라는 광의의 의미로 사용된다.[40] 그 외에 손해배상은 일반적으로 사회 분배정의를 목표로 하는 '손해배상 프로그램'을 의미하는 용어로도 쓰인다. 위의 두 가지 경우에 'repair'란 단어에 이원적으로 연결된 용어는 과거로부터 내려온 상처 난 관계를 치유하는 상호 연관된 활동분야를 지칭한다. 금전 보상도 중요한 요소일 수 있지만, 'repair'의 형태는 매우 다양하고, 여기에는 많은 것이 포함된다.

다른 한편 '리비아·이탈리아 우호협력조약'은 크게 두 가지 문제를 내포하고 있다는 부정적 평가도 있다.

첫째, 조약의 텍스트와 타이틀에는 'reparation(손해배상)'이라는 용어가 없다. 조약의 텍스트는 식민지시대 분쟁해결(settlement of colonial-era disputes)이라고 넌지시 암시를 하고 있지만, 공식적으로는 'treaty of friendship, partnership and cooperation'이라고 한다.[41] 'apology'란 단어는 전문에서 언급되었고, 벵가지조약 전 텍스트에서 단 한번 나온다. 그래서 벵가지조약이 진정으로 손해배상 조약인지 의문을 제기한다.

둘째, 진실규명 없는 돈 지불은 피해자의 침묵을 돈으로 사는 데 불과하다. 벵가지조약 체결시에 50억 US 달러 지불 명문화가 진실을 규명한 후에 그것에 대한 대가성으로 책정된 것이 아니라는 점이다. 그래서 50억 US 달러의 법적 성격이 애매모호하다는 비판이 있다.

셋째, 50억 US 달러는 피해자 개인의 고통에 대한 대가로 직접 개인에게 지불되는 것이 아니라, 리비아 사회간접시설 건설에 투자된다.

넷째, 이탈리아는 리비아에서 30년 동안 저지른 범죄에 대한 배상금으로

---

40) Claudia Gazzini(2009), "Assessinmg Italy's Grande Gesto to Libya," *Middle East Report*, March 16, 2009; www.Claudiagazzini.com.
41) Claudia Gazzini(2009), 위의 논문.

50억 US 달러를 지불한다고 구두로는 말하지만, 조약에서는 그러한 역사적 범죄에 대한 손해배상금으로 지불한다는 명시적 언급이 없다고 역사학자 보카(Angelo Del Boca)는 비판했다. 그는 베를루스코니가 역사문제 생략을 강하게 요구하였는지, 아니면 처음부터 두 당사자가 그렇게 하기로 결정한 것인지 의아스럽다고 하였다. 로마노(Sergio Romano) 전 이탈리아 대사는 카다피와 베를루스코니 사이의 벵가지 회의를 '작은 위선극장(small theater of hypocrisy)'이라고 비판했다.[42]

VI. 맺음말

유럽에서 아프리카로 가는 길목에 있는 리비아의 지리적 위치는 역사적으로 리비아의 국제외교에 큰 영향을 미쳤다. 또 리비아와 이탈리아는 한일관계처럼 1911~1943년 사이 식민지 관계에 있었다. 식민기간 중 양국의 가해국과 피해국 간의 관계로 인한 상처는 리비아가 1951년에 독립국이 된 이후에도 50년간이나 치유되지 않았다. 양국의 지도자는 2008년 8월 30일 벵가지 조약을 체결, 서로의 상생을 위해 식민관계를 청산하고 미래지향적 동반자 관계를 시작하였다.

벵가지조약을 통해 리비아와 이탈리아 모두 상생하였다. 이탈리아가 원하는 리비아로부터의 불법이민 방지협조와 원유와 가스 수입, 리비아가 원하는 과거 이탈리아 식민지 범죄 사과와 손해배상 및 서방 외교무대의 리비아 진출이 모두 이루어졌다. 뿐만 아니라 불법이민 방지 협조를 통한 양국의 공동노

---

42) Claudia Gazzini(2009), 위의 논문.

력은 지중해의 평화만이 아니라 유럽과 아프리카 모두를 위한 일이었다. 카다피는 식민지 범죄 청산의 역사적 선례를 강조하고, 이탈리아 총리는 불법이민 방지 협조와 원유수입 등 각 분야에서 정치적 협력을 강조하였다. 이탈리아는 국가의 이름으로 공식으로 리비아인의 식민지 고통을 사과하고, 손해배상을 하였다. 50억 US 달러가 식민지 고통에 대한 손해배상으로 상징적 의미는 크다. 물론 영국과 프랑스 같은 양대 식민지 유럽열강은 식민지 피해국에게 과거청산을 아직도 하지 않고 있다. 그러나 시냇물이 흘러서 강이 되고, 결국에는 바다와 대양으로 흘러간다. 역사의 신은 정의롭고 살아 있다. 비록 역사는 지그재그로 가지만, 올바른 역사정의는 국내나 국제사회에서 반드시 가야 될 올바른 방향으로 흘러간다. 여기서 국제법은 역사정의의 관점에서 국제사회의 적극적 평화(positive peace)를 실현하기 위해서 있어야 할 법(lex ferenda)을 항상 추구해야 할 것이다.

• 참고문헌

도시환(2011. 9), 「1910년 '한일병합조약'의 국제법적 재조명」, 이장희 외, 『1910년 '한일 병합조약'의 역사적·국제법적 재조명』, (사)아시아사회과학연구원·도서출판 아사연.

이근관(2011. 9), 「1910년 '한일병합조약'의 무효, 불법성과 일본의 국가책임」, 이장희 외, 『1910년 '한일 병합조약'의 역사적·국제법적 재조명』, (사)아시아사회과학연구원·도서출판 아사연.

이장희 외(2011. 9), 『1910년 '한일 병합조약'의 역사적·국제법적 재조명』, (사)아시아사회과학연구원.

호라시온 칼테론 지음, 공찬욱 옮김(1991), 『카다피의 예유살렘 작전』, 도서출판 부루칸 모로.

법무부(2000. 12), 제2차 세계대전 전후보상-강제노동관련, 발간등록번호 11-1270000-000277-14.

ALLAN, J. A., McLaCHLAN, K. S. & BURU, M. ed.(1989), *Libya: State & Religion, A Publication of the SOAS Centre*, University of London.

Davidson, Jason W.(2009), "Italy-US Relations since the End of the Cold War Prestige, Peace and the Transatlantic Balance," *Bulletin of Italian Politics*, Vol. 1, No. 2.

Deeb, Mary-Jane(1991), *Libya's Foreign Policy in North Africa*, Westview Press, Boulder, San Francisco, Oxford.

Gazzini, Claudia(2009), "Assessinmg Italy's Grande Gesto to Libya," *Middle East Report*, March 16(www.Claudiagazzini.com).

Harris, Lillian Craig(1986), *Libya*, Westview Press, Boulder, Colorado.

Hyman, Zainab Abbas Nicholas(1982), *Responsible Reporting?*, Vol. 4, Libya in the Western Press.

Kashiem, Mustafa Abdalla A.(2010), "The treaty of Friendship, Partnership and Cooperation between Libya and Italy: From an Awkward past to a

Promising Equal partnership," *Califormia Italian Studies Journal*.

Ronzitti, Natalino(2009), "The Treaty on Friendship, Partnership and Cooperation between Italy and Libya: New Prospects for Cooperation in the Mediterranean?", *Bulletin of Italian Politics*, Vol. 1, No. 1.

Ronzitti, Natalino(2012. 9. 28), *Introduction. Reparation for Victims of Armed Comflict*(Procedural Issues), 74th ILA Sofia Conference, Report.

William, Zartman I. and Kluge, A. G.(1983), "The Sources and Goals of Qaddafi's Foreign Policy," *America-Arab Affairs*, No. 6, Fall, 1983.

Zimmerer, Jurgen and Schaller, Dominik(2008), "Settlers, Imperialism, Genocide, Introduction: Apologies and the Need to right Historical Wrongs," *Journal of Genocide Research*, 10:4, December 2008.

현대사 속의 '식민지책임'
아프리카 식민지를 중심으로

도쿄외국어대학 아시아·아프리카언어문화연구소 교수 **나가하라 요코**

현대사 속의 '식민지책임'

아프리카 식민지를 중심으로

도쿄외국어대학 아시아 · 아프리카언어문화연구소 교수 **나가하라 요코**

I. 머리말

　나는 아프리카에서의 식민지 지배 역사에 대해서 연구하던 중에 식민지주의의 과거를 둘러싼 최근 아프리카와 서구 여러 나라의 관계에 관심을 가지고, '식민지책임'이라는 틀에서 그것을 생각하기에 이르렀다. 직접적인 계기가 된 것은 2001년에 남아프리카 더반에서 유엔 주최로 열린 '인종주의, 인종차별, 배외주의 및 관련된 불관용에 반대하는 세계회의(통칭 '더반회의')였다. 이 회의에서는 노예제 · 노예무역 및 식민지주의를 '인도에 반하는 범죄'로 볼 것인지의 여부가 큰 논점이 되었다. 최종적으로 채택된 선언은 노예제 · 노예무역을 '인도에 반하는 범죄'로 간주하고 식민지주의가 초래한 희생에 대해서는 '유감'이며 언제 어떠한 때라도 비난받아 마땅한 것으로 규정했다. 제2차 세계대전 후 냉전하의 세계질서가 식민지주의의 책임추궁을 회피해 왔던 데에 반해, 21세기의 첫해에 열린 이 회의에서는 식민지주의와 그와 불가분한 노예무역 · 노예제의 '죄'가 공공연하게 논의된 것이다. 획기적이었던 만큼 저항도 커서 미합중국 대표는 회의 도중에 퇴장했다. 그것은 직접적으로는 팔레스타인 문제에서 이스라엘을 비난하는 것에 대한 불복이 이유였지만, 팔레스타인 문제야말로 현대의 식민지 문제라고 볼 수밖에 없으며, 이러한 회의 보이콧은 '식민지책임'을 둘러싼 오늘날 국제사회의 공방을 좌우하는 것이 미합중국이라는 사실을 세계에 알렸다.

1990년대 이후 세계 각지에서 '식민지책임' 문제가 표면화되어 온 배경에는 냉전체제의 붕괴가 있지만, 그 저류가 된 움직임은 제2차 세계대전 후 세계사의 전개 속에 있었다. 아래에서는 '식민지책임'이라는 문제가 어떻게 해서 생겨나게 된 것인지에 대해서 발표자 본인 나름의 정리 방법을 설명하면서, 이 문제와 관련하여 아프리카와 유럽 여러 나라들 간에 현재 문제가 되고 있는 사례를 소개하여 일본과 한국 사이에 가로놓인 '식민지책임' 문제에 대해서 생각하는 데 일조할 수 있기를 바란다.[1]

II. '식민지책임'론의 탄생

1. 전쟁책임론과 '인도에 반하는 범죄'

더반회의에서 식민지주의의 역사와 관련하여 원용된 '인도에 대한 죄'라는 개념은 제2차 세계대전에서 저지른 독일의 전쟁 범죄를 심판하기 위해서 연합국이 '만들어 낸 것이다. 그러나 '민간인에 대한 살인, 멸종, 노예화, 강제연

---

[1] 이하, '식민지책임'에 대한 사고방식과 역사적 배경 등에 대해서는, 永原陽子 編(2009), 『「植民地責任」論』序章, 9~37쪽 참조.

행, 기타 비인도적 행위, 정치적·인종적·종교적 이유에 따른 박해 행위 등'을 처벌 대상으로 하는 이 개념은 전쟁 개시 이전을 포함한다는 시기 측면에서, 또 외국과의 관계뿐만 아니라 '국민'인 독일인에 대한 것이나 동시대에 합법이었던 것을 포함시킨다는 내용 측면에서 종래의 '전쟁 범죄'에 들어가지 않는 대상을 사정거리 안에 들어오게 하는 것이었다. 이러한 사고방식이 생긴 것은 무엇보다도 나치의 범죄·부정(不正)이 종래의 모든 법의 상식을 초월하는 규모와 내용의 것이었기 때문이며, 그 때문에 죄형법정주의라는 법의 원칙을 뛰어넘어 이미 저질러진 일을 위해 사후적으로 '죄'가 만들어지게 되었다. 그 후 1948년의 '제노사이드조약'은 전시와 평시를 막론하고 대량살해를 범죄로 간주하는 사고방식을 국제인도법으로 확립했다. 반세기 후인 1998년의 '국제형사재판소 규정'에서는 강간이나 성노예 등의 성폭력과 강제 실종, 아파르트헤이트 등도 명기되면서 '인도에 반하는 범죄' 개념은 확대·심화되었고, 그것을 심판하는 상설 법정이 마련되기에 이르렀다.

'인도에 반하는 범죄'라는 개념이 원래 나치의 범죄로 인한 희생, 특히 유대인의 희생을 염두에 두고 만들어진 것이며, 일본의 전쟁 범죄를 심판한 도쿄재판이나 BC급 전범재판에서 실제로는 거의 적용되지 않은 점은 누차 지적되었다. 전쟁에서 아시아인의 희생이 유럽인인 유대인의 희생과 동등하게 여겨지지 않았다고 본다면, 더구나 식민지를 영유하는 여러 전승국들이 자국의 식민지 지배의 역사에 이러한 개념을 적용시켜서 생각하는 것은 문제 밖의 일이었다. 그럼에도 '인도에 반하는 범죄' 개념의 성립과 발전이 오늘날 식민지주의나 노예무역·노예제의 과거를 '죄'라고 추궁하고 보상을 요구하는 사람들을 출현시키는 배경에 있는 것은 부정할 수 없다. 교전국 간의 관계에 한정되지 않는 '인도에 반하는 범죄' 개념의 성립은 국가 간의 관계로 인정받지 못했기 때문에 국제법상의 '전쟁'으로 간주되지 않았던 식민지 전쟁이나 식민지 지배하의 '평시'에 발생한 대량 학살과 노예화, 성폭력 등을 종래의 '합법성'의 틀 안에서 끌어내는 것을 가능하게 한 것이다. 그리고 이러한 개념에 근거하여 나치 범죄의 희생자로서 보상 대상이 되는 것이 유대인에서 시작되었고, 다른 민족적 마이너리티와 장애자 등에게로 확대되어 왔다.

2. 합중국의 '흑인에 대한 보상', 선주민의 권리 회복

한편, 미합중국에서는 1960년대의 공민권운동 이후 법적인 평등의 실현을 통해서도 흑인의 경제적·사회적 지위가 개선되지 않는 현실 앞에 '흑인에 대한 보상', 즉 합중국에서의 흑인 역사의 총체에 대해서 책임 소재를 묻는 사고방식이 생겨났다. 이러한 사고방식은 1990년대에 들어서면서 독일에서의 나치 범죄·부정에 대한 보상이 확대되고, 또 합중국 내와 캐나다에서 제2차 세계대전 중의 일본계 미국인 포로 문제나 선주민 문제에서 역사적 부정에 대한 보상이라는 사고방식이 사회적으로 인지되는 가운데 새로운 전개를 맞이했다. '흑인에의 보상'이란 곧 노예제의 죄에 대한 역사적 보상의 문제이며, 그것이 주(州) 차원의 법안 형식으로 발의되게 되었다. 특히 2007년에는 미국으로의 식민 개시 400주년, 영국의 노예무역 중지 200주년을 계기로, 노예제 역사의 평가를 둘러싼 논의가 활발하게 펼쳐졌고, 다음해 7월에는 합중국의회가 노예제(및 흑인차별법, 이른바 '짐 쿠로우')에 대해서 사죄했다. 이 '사죄'에서는 '보상'은 문제시되지 않았고, 오히려 국민국가로의 마이너리티 통합을 위한 전략이라는 측면을 가지고 있었다. 그러나 그렇다 하더라도 노예무역과 노예제를 '죄'로 보는 역사 인식이 사회 속에서 널리 공유되게 된 것은 그와 불가분한 식민지 지배의 '죄'에 관한 인식으로도 물꼬를 트는 일이라고 할 수 있다.

합중국에서 '흑인' 마이너리티에 대한 역사적 부정의(不正義) 문제는 또 하나의 마이너리티인 인디언 문제와도 당연히 연동되어 있다. 그것은 또 캐나다와 오스트레일리아 같은 선주민 문제를 안고 있는 각국과도 공통되고 있다. '콜럼버스의 미국 대륙 도달 500주년'에 해당한 1992년 전후부터 국제연합은 선주민의 권리회복에 대해서 적극적으로 대처하였고, 2007년에는 유엔총회가 '선주민권리선언'을 채택하기에 이르렀다(합중국·캐나다·오스트레일리아·뉴질랜드는 반대). 이 선언에서는 선주민이 "역사적인 부정의, 특히 식민지화와 토지와 자원의 탈취"로 인해 피해를 입어 왔다고 보고, 그 권리의 회복을 강조하고 있다. 식민지화를 역사적인 '부정의'라고 인정하고, 토지의 탈취가 중심 문제라고 보는 인식은 바로 '식민지책임'으로 통하는 것이다. 게다가 선주민의 정의 회복의 요구는 토지나 자원에 그치지 않고, 구미 여러 나라가 '과학 연구'라는 이름하에 반출한 신체표본이나 '문화재'로 취급된 문물의 반환 운동으로서도 현재 여러 지역에서 전개되고 있으며, 이것도 식민지의 과거 문제로 통하고 있다.

3. 제노사이드 연구의 진전

연구 면에서는 최근의 제노사이드 연구의 진전이 '식민지책임'론에 중요한 단서를 제공해 왔다. '인도에 반하는 범죄'가 나치의 전례 없는 범죄·부정을 다루기 위해서 특별히 만들어진 것과 마찬가지로 '제노사이드'도 나치의 유대인 박해를 파악하기 위해서 만들어진 개념이다. 미합중국에 망명한 유대계 폴란드인 라파엘 렘킨(Raphael Lemkin)이 1944년에 제창한 이 개념은 1948년의 '제노사이드조약'에서 국제법상으로 정식화되었다. 조약은 그 후에 실제 상황에서 문제시된 경우는 거의 없었지만, 20세기 말이 되어서 유고슬라비아와 르완다의 내전으로 대량 학살이 이루어진 것을 계기로 국제법정에서의 실제

'심판'에 직결하는 것으로서 돌연 주목을 끌게 되었다. 동시에 역사상의 사건을 이 개념을 이용해서 다시 파악하려는 연구도 활발해졌고, 선주민에 대한 제노사이드나 식민지주의와 제노사이드의 관계 같은 주제가 활발히 논의되고 있다.

제노사이드와 식민지주의의 관계를 고찰한 최근의 한 연구에 따르면, 렘킨은 '제노사이드' 개념을 구상하는 데 서남아프리카나 콩고 같은 아프리카 식민지 문제를 염두에 두고 있었다고 한다. '제노사이드'의 원점에는 홀로코스트뿐만 아니라 식민지주의 문제가 있었음에도 냉전 때문에 '제노사이드조약'에서 식민지주의를 상기시키는 듯한 언급이 사라져버린 것이라고 한다. 그러한 역사적 한계를 넘어서 현재 제노사이드론의 심화가 전시와 평시가 표리 관계에 있었던 식민지체제하에서의 폭력을 추궁하는 새로운 단서를 주고, 구 식민지의 주민이나 선주민이 자기의 역사를 다시 파악하는 계기를 제공하고 있다.

4. 남아프리카 진실화해위원회의 경험

남아프리카의 진실화해위원회에 대해서는 한국에서도 같은 위원회가 만들어져 널리 알려져 있으므로 여기에서는 깊이 들어가지 않겠으나, '식민지책임'론과의 관계에서 문제점을 한 가지만 지적하고자 한다. 그것은 남아프리카 위원회가 1960년 이후 협의의 '아파르트헤이트' 시대의, 살인이나 고문 같은 개별적인 폭력만을 조사 대상으로 삼는 한계를 가지고 있었다는 점이다. 아파르트헤이트가 식민지주의의 극단적인 형태이며, 그 역사적 기원이 1960년보다도 훨씬 이전에 있는데도 위원회는 식민지주의하에서의 폭력이나 부정의를 폭넓게 다루지 않았다. 오늘날 남아프리카 국가는 영국의 식민지 지배의 역사를 근본부터 따지는 일로 연결되는 조사를 회피하고, 어디까지나 '국내 문제'라고 취급되는 문제만을 '진실 해명'과 '화해'의 대상으로 삼은 것이다. '식민지책임'이라는 과제의 어려움을 세계에 알린 것도 이 위원회의 경험이었다.

이상과 같이 제2차 세계대전 후 반세기 정도의 역사 속에서 '인도에 반하는 범죄'의 개념이 확산되고, 여러 가지 역사적 부정에 대한 정의의 회복, 소수자의 권리 회복이 진전되어 왔다. 그러한 것들을 배경으로 1990년에 일본군에 의해 '위안부'가 되었던 여성들이 일본 정부에 보상을 요구하는 운동을 일으켰고, 아프리카에서도 '식민지책임' 추궁의 움직임이 나타났다.

III. '식민지책임'을 묻는 아프리카로부터의 움직임

다음으로는 현재 '식민지책임'을 둘러싸고 유럽의 여러 나라와 구식민지 사이에서 문제가 되고 있는 사례를 소개하겠다.

1. 케냐의 전 마우마우 투사들의 보상청구 소송

케냐는 19세기 말부터 1963년까지 영국의 식민지 지배하에 놓여 있었다. 독립에 이르는 과정에서 1950년대에는 그때까지의 독립운동과는 다른 급진적인 토지해방운동이 키쿠유(Kikuyu) 사람들 사이에서 일어나 백인 농장 습격과 토지 점거 같은 실력투쟁이 전개되었다. 영국인들이 '마우마우(Mau Mau)'라고 명명한 이 운동은 식민지 당국의 철저한 진압 대상이 되었고, 1952년에는 계엄령이 선포되었다. 1963년의 케냐 독립은 이러한 급진적인 운동을 배제하고, '케냐·아프리카 민족동맹(KANU)'을 중심으로 하는 온건한 독립운동을 영국이 인지하는 형식으로 실현되었다.

독립 당시의 대통령 조모 케냐타(Jomo Kenyatta)가 인솔하는 KANU는 그 후 오랫동안 일당체제를 선포하여, 그 아래에서 마우마우는 비합법적이 되었고, 마우마우에 관한 역사 연구도 자유롭게 이루어지지 않았으며, 이 운동이 케냐 독립을 위해 했던 역할은 정당하게 평가되지 못했다. 그러나 1991년에 복수 정당제가 도입되면서 마우마우의 복권이 시작되었다. 이때부터 마우마우 투사 출신들이 영국의 진압으로 입은 피해에 대한 보상을 요구하는 목소리를 높이게 된다.

당사자들이 보상을 요구하는 목소리에 호응하여 2005년에는 마우마우의 역사에 관한 새로운 연구가 잇따라 공간되었다. 미국의 캐롤라인 엘킨스(Caroline Elkins) 및 영국의 데이비드 앤더슨(David Anderson), 이 두 사람의 역사가가 각각 공표한 연구는 재판 기록과 청취 조사를 근거로 영국 식민지 정부의 마우마우 진압을 위한 조직적인 폭력에 대해서 세세하게 그려내고 있다.[2] 키쿠유 사람들에 대한 강제이주 정책하에서는 해당 지역의 일반주민 전체가 강제 수용 캠프로 이송되어 강제 노동, 고문, (여성의 경우에는) 강간의 대상이 되었다. 진압 폭력의 규모와 강도는 종래의 통설을 훨씬 웃도는 것으로 엘킨스는 희생자 수를 지금까지의 10배 이상인 수십만 명이라고 했다. 연구자 측에서 나온 이러한 새로운 역사상의 제시는 피해 주장과 보상 요구의 움직임에 힘을 실었다.

마우마우 투사 출신들이 영국 당국의 진압으로 입은 피해에 대해서 보상을

---

[2] Caroline Elkins(2005), *Imperial Reckoning: The Story of Britain's Gulag in Kenya*, New York: Henry Holt; David M. Anderson(2005), *History of the Hanged: Britain's Dirty War in Kenya and the End of Empire*, New York: W. W. Norton.

요구하는 목소리는 1990년대부터 있었지만, 그것이 구체적인 움직임으로 나타난 것은 2003년에 케냐 인권위원회가 다루기 시작하면서부터다. 케냐 국내에서 KANU가 정권에서 물러남에 따라 마우마우 자체가 '합법화'되어, 관계자들이 스스로 마우마우에 관여했던 사실을 공공연하게 이야기할 수 있게 된 것이 그 배경에 있는데, 나아가 최근의 영국군 병사의 케냐 목축민 여성 강간 사건의 빈발, 또 2003년부터의 이라크 전쟁에 대한 영국의 적극적인 관여 같은 것도 영국의 식민지주의적인 폭력의 역사에 대한 근본적인 비판을 고조시키는 요인이 되었다.

한편, 투사 출신들이 소송을 제기하는 계획이 알려지자 영국 국내의 관심도 높아졌다. 2002년 11월에는 BBC가 엘킨스의 협력을 얻어 작성한 관련 프로그램 〈화이트 테러(White Terror)〉를 방영하여 큰 반향을 일으켰다. 과거에 식민지에서 어떠한 일이 자행되었는지를 모르던 일반 사람들의 관심이 환기된 한편, 소송 움직임에 대한 반발도 확산되었다.

그러한 가운데 2009년 6월 5명(여성 2명, 남성 3명)의 케냐인이 유사한 소송에 다수 관계한 법률사무소 리데이(Leigh Day)사의 도움을 얻어 1952년부터 1960년에 영국 식민지 병사·식민지 관리가 행한 강제 이동, 구속, 고문 등에 대한 보상을 요구하는 소송을 런던 고등법원에서 제기했다(원고 5명 가운데 여성 1명은 그 후 사망하여 4명이 되었다). 원고가 요구한 것은 희생자의 건강·복지·주택을 위한 기금의 설립과 커뮤니티에 대한 원조, 이행적(移行的) 정의와 화해를 위한 교육 프로그램 등으로 케냐 정부와 케냐 인권위원회도 이 제소에 대한 지지를 표명했다. 또 앞서 말한 엘킨스·앤더슨을 포함한 3명의 역사가가 원고 측 증인으로서 협력했다.[3] 한편, 피고가 된 영국 정부(외무성)는 "원고의 호소는 케냐 식

---

[3] 3명의 역사가의 재판 협력에 대해서는, David M. Anderson(2011. 12), "Mau Mau in

민지에서의 학대 행위의 직접적 가해자(식민지 정부나 사업자)에게 향해야 할 것이며 영국 정부로 향할 것이 아니다", "1963년 12월 케냐 독립과 함께 케냐의 정치에 영향을 미치는 모든 책임은 케냐공화국 정부에 이행했다. 식민지 시대의 학살 등에 관해서도 영국 정부에는 일체의 책임이 없다"고 주장했다. 그 때문에 소송에서는 본재판에 들어가기 전에 우선 영국 정부의 당사자성(當事者性)이 검토되게 되었다.

문제는 증거가 되는 자료였다. 1950년대의 계엄령하에서의 마우마우 진압을 포함하여 식민지 정부와 식민지군의 행동에 관한 기록은 케냐에도 영국에도 보관되어 있지 않았기 때문에 케냐 독립 시에 영국이 파기한 것으로 생각되어 왔다. 그러나 재판소의 거듭된 요구로 외무성 관계 자료를 철저히 탐색한 결과, 1963년 12월 독립하기 이전에 영국 정부가 관련 자료 전부를 본국에 인양한 사실이 밝혀졌고, 자료가 영국 국내에 있는 것이 확실해졌다. 국립문서관(National Archives, 구 PRO)에는 케냐 식민지의 복수의 부처로부터 대량으로 인수한 문서가 존재하는 것과 이 문서를 케냐로부터 인수할 것을 승인한 사실에 대한 기록도 발견되어 마침내 실물의 존재를 의심할 수 없게 되었다. 그리고 결국 2010년 3월에 런던의 한스로프 파크(Hanslope Park)에 있는 외무성의 문서보관고에서 300상자(1,500개 파일)의 식민지 관계 문서가 발견되었다. 이 중

---

the High Court and the 'Lost' British Empire Archives: Colonial Conspiracy or Bureaucratic Bungle?" *The Journal of Imperial and Commonwealth History*, Vol. 39, No. 5, 699~716쪽; Huw Bennett(2011. 12), "Soldiers in the Court Room: The British Army's Part in the Kenya Emergency under the Legal Spotlight," *The Journal of Imperial and Commonwealth History*, Vol. 39, No. 5, 717~730쪽; Caroline Elkins(2011. 12), "Alchemy of Evidence: Mau Mau, the British empire, and the High Court of Justice," *The Journal of Imperial and Commonwealth History*, Vol. 39, No. 5, 731~748쪽 참조.

약 3분의 1이 마우마우에 관련된 것이었고, 그 외에도 로디지아, 우간다, 나이지리아, 가나 등 다른 아프리카 식민지와 말라야, 키프로스, 아덴, 팔레스타인 등 대영제국의 31개 식민지에 관련된 문서가 포함되어 있었다.

마우마우 진압 양상을 자세히 기록한 자료는 엘킨스와 앤더슨이 보여준 역사상을 보강하고, 재판에 필요한 개별적이고 구체적인 사례에 관한 실증을 가능하게 하는 의미를 가지고 있다. 이 자료가 발굴됨으로써 일체의 책임을 부정하던 영국 정부의 입장은 크게 흔들리게 되었다. 그리고 2011년 7월 21일 영국 정부에 당사자성이 있어 소송이 성립된다는 판결이 내려졌다.[4] 재판장 맥콤(McComb)은 "고문을 통해 얻은 증언을 인정하는 것을 결코 행하지 않는 법제도가, 정부가 그 보호 의무를 다하지 않고, 고문을 예방하는 수단을 갖고 있었음에도 예방하지 않았다는 태만에 관한 (보상의) 청구를 인정하지 않는다면, 기묘하다기보다는 '불명예'가 될 것이다. 게다가 법리론의 기술면에 일관하여 그러한 청구를 법정에서 기각하는 것은 소송의 이러한 초기 단계에서는 특히 잘못되었다"고 하였다. 나아가 영국 정부가 앞서 말한 자료의 제출을 늦춘 것도 강도 높게 비난하고, 또 현시점에서 "영국 정부와 케냐 정부 사이에서 해결 완료"라는 주장이 옳다고 결론지을 수도 없다고 했다. 또 개인적인 피해에 관한 보상 청구의 시효를 3년 이내로 하는 규정에 대해서도 예외 규정을 적용할 수 있다고 하여 원고 측의 주장을 인정했다.

이렇게 해서 현재 마우마우 투사 출신들의 소송은 다음과 같은 단계로 진행되고 있다. 연구자의 역사 연구와 피해자들의 법정 싸움이 수레의 두 바퀴가 되어 역사적 사실의 규명과 피해자 구제의 길이 열리고 있다고 할 수 있다.

---

[4] 판결문은 다음과 같다. Royal Courts of Justice, Case NO. HQ09X02666, 21/07/2011, Mr. Justice McCombe, Approved Judgment.

확실히 엘킨스 같은 사람들은 재판에 가담한 것 때문에 학계에서는 '학자로서의 편향'을 강도 높게 비난받으며 연구 방법 자체까지도 공격당하는 일도 있었다. 그럼에도 당사자들의 호소가 역사 연구에 강한 동기를 부여하고, 또 실증적인 연구의 진전이 일반적으로는 불가능하다고 생각되었던 재판도 가능하게 한 것은 사실일 것이다.

마지막으로 발견된 자료의 그 이후에 대해서 언급하고자 한다.[5] 이 자료는 국립문서관에 이관되어, 올해 4월에 첫 부분이 공개되었다. 거기에는 이 자료들의 취급에 관한 기록도 있어, 영국 정부가 식민지에서의 조직적 폭력에 관련된 기록의 취급에 이상하리만치 주의를 기울였던 것을 보여주고 있다. 많은 자료에 대해서 소각하거나(소각한 뒤 재의 취급에 대해서까지 지시하였다), 무거운 추를 달아서 깊은 호수의 바닥 같은 곳에 가라앉힐 것, 또 일부를 말소할 경우에는 대체 문서를 만들어서 말살 사실을 숨길 것 등이 지시되었다. '요주의자료'로 엄중하게 보관되었던 것도 포함하여, 이러한 처리를 할 수 있는 것은 '백인' 뿐이라고 지시되었던 점도 식민지주의 폭력의 인종주의적인 성격을 나타내는 것으로서 흥미롭다. 오늘에 이르기까지 영국 외무성이 이 자료를 은닉하려고 해온 것 자체가 식민지주의가 과거의 문제가 아니라는 것을 여실히 말해 주고 있다.

---

5) "Britain destroyed records of colonial crimes," *The Guardian* (Website)(18 April, 2012). 2012년 5월 31일 열람.

2. 나미비아의 헤레로·나마 등의 보상 요구

1) 헤레로·나마의 소송

아프리카 남부의 나미비아에서는 1990년의 독립 이래 헤레로(Herero)와 나마(Nama) 등지의 사람들이 제1차 세계대전 전 독일 식민지 시대의 대규모 폭력 피해에 대한 보상 요구를 제기하고 있다.[6] 1990년까지 이 나라를 지배하고 있던 것은 아파르트헤이트 체제의 남아프리카였는데, 여기에서의 대상은 그 이전의 제1차 세계대전까지의 독일제국에 의한 식민지 지배의 문제다.

1880년대 중반부터 독일제국의 식민지가 된 이 지역(당시의 '독일령 서남아프리카')에서는 식민자(植民者)의 토지와 가축 탈취를 배경으로 1904년에 헤레로를 중심으로 한 주민의 봉기가 발생했다. 곧 나마도 이를 이었고, 다른 집단도 포함하여 저항이 각지에서 확산되어 1908년까지 계속되었다. 독일 측은 본국의 참모본부가 직접 진압 전쟁을 지휘하고, 사령관 로터 폰 트로타(Lothar von Troth)가 수단을 가리지 않는 전투를 전개했다. 헤레로 사람들의 대부분은 사막으로 내몰려, 아사하거나 갈증으로 죽었고, 살아남은 사람들은 흩어지게 되었다. 여성들 중에는 독일군 병사의 성노예가 된 사람도 있었다. 한편, 게릴라전을 전개한 나마 사람들에게는 강제수용소가 설치되었다. 그 결과 당시 대략 8만 명이 있었다고 추정되는 헤레로인의 약 8할, 약 2만 명 있었던 나마인의 6할이 희생되었다는 것에 오늘날 많은 연구자의 견해가 일치한다. 그 밖에도 '다마라(Damara)'와 '산(San)'(소위 '부시맨')이 희생되었다. 진압 과정에서 '헤레로'를 지목해서 '멸종'을 목표로 하는 지령이 내려진 점이나 강제수용소로의 무차별적인 이동과 살육의 방책이 취해진 점에 주목한 연구자들은 이 전쟁을 '제노

---

[6] 이하, 本件에 대해서는 永原陽子 編(2009), 앞의 책 제7장, 218~248쪽 참조.

사이드'로 파악하고, 식민지주의와 나치즘의 연속성을 보여주는 것으로 보고 있다.

이러한 식민지 전쟁의 피해에 관하여 헤레로와 나마 사람들은 독립 전후부터 보상을 요구해 왔다. 헤레로 사람들은 2001년에는 독일 정부와 기업에 대하여 (합중국 재판소에서 '외국인 불법행위 청구권법 Alien Tort Act'에 의해) 집단소송을 제기했다(당초에는 원고 100명, 이후 200명으로). 이 소송이 앞서 살펴본 마우마우 투사 출신들의 소송이나 '위안부'가 되었던 한국 여성들의 소송 등과 크게 다른 점은 소송을 제기한 사람들이 직접적인 의미에서의 '당사자'가 아니라 어디까지나 그 자손이라는 것이다. 제소에서는 '인도에 반하는 범죄'의 개념이 원용되고 있는데, 사건 자체는 1세기 전의, 이 개념이 성립되지 않았던 시기의 일이기 때문에, 소급적 처벌을 금지하는 법의 원칙에서 보면 재판에 도입하는 것 자체가 불가능한 것이다. 그러나 원고는 '인도에 대한 죄'를 보편적인 개념으로서 다시 파악하려 함과 동시에 '인도'와 '원주민 보호'를 내세운 동시대의 국제법(노예 거래를 금한 1890년의 '브뤼셀조약', 전시의 민간인 보호를 강조한 1899년 및 1907년의 '헤이그 육전(陸戰)조약' 등)도 인용하여 독일군 행위의 위법성을 추궁하고, 현재의 헤레로·나마 사람들의 빈곤이 이 전쟁에서 기인하는 것이라고 주장했다. 만약 이 사고방식이 성립된다고 한다면, 500년에 달하는 유럽 식민지 지배의 역사 전체가 법의 심판하에 놓이게 되는 만큼 독일은 물론 영국과 프랑스 같은 유럽의 옛 식민지 영유국에서는 이 재판에 주목하였다.

결과적으로는 이 소송은 제소 자격과 당사자성에 관련된 기술적인 문제로 2007년에 각하되었고, 제소의 내용에 관련된 논의가 법정에서 공방전을 주고받는 일은 없었다. 그러나 식민지주의의 '죄'를 정면으로 묻는 소송이 제기된 것 자체가 식민지 지배라는 과거가 있는 구미 여러 나라에 엄청난 충격을 주었다. 실제로 독일 정부(경제협력장관)는 봉기(蜂起) 발발 100주년을 맞는 2004년

8월에 나미비아를 방문해 기념식전에 참석하고, 당시 독일제국이 서남아프리카에서 행한 일이 "오늘날이라면 제노사이드에 해당한다"고 인정하고 사죄했다. 그에 따라 2007년에는 피해를 입은 집단·지역에 대하여 2,000만 유로의 자금을 제공했다. 독일 정부는 이것이 사실상의 '보상'이라고 주장하지만, 그에 불복한 나미비아 측에서는 2006년 9월에 의회가 만장일치로 '제노사이드 피해에 대한 보상을 독일에 요구'할 것을 의결하였다.

2) 인골반환 문제

소송이 성립되지 않자, 이후에 보상요구운동의 목표가 된 것은 독일로 가져간 1904/1908년 전쟁 희생자 인골의 반환이다. 20세기 초의 독일제국에서는 식민지에서 '수집'한 두개골을 본국으로 보내어, 의학자·유전학자·인류학자 등의 '연구'에 제공하였다. 예를 들면, 이후에 나치하에서 이름을 알린 오이겐 피셔(Eugen Fischer)는 그러한 연구의 중심이 되었던 인물이다. 베를린의 의학연구소와 프라이부르크대학교는 지금도 여전히 식민지에서 기원하는 두개골의 대부분을 수장하고 있다.

독일 국내에 보관된 두개골의 존재가 밝혀지는 계기가 된 것은 2000년에 들어서면서 나미비아 해안지대에서 1904/1908년 전쟁 희생자의 유골이 발견된 것이다. 이 해외의 앞바다에는 전쟁 중에 섬 전체가 강제수용소로 되었던 '샤크 섬(Shark Island)'도 있다. 전쟁 중에 그곳에는 주로 나마 사람들이 수용되어 사실상 유기되면서 굶주림과 추위로 인해 목숨을 잃었다. 샤크 섬과 그 건너편 해안에서는 그 후로도 계속해서 유골이 발견되었고, 그것에 대한 조사 과정에서 많은 두개골이 독일로 반출된 사실이 밝혀진 것이다.

보상을 요구하는 헤레로와 나마 사람들의 운동을 지지하는 독일 역사학자와 좌파 정당의 의원 등의 조사에 따르면, 베를린의 차리테 박물관에는 현재 여전히 9,000점의 두개골이 소장되어 있다고 한다. 그중 '독일령 서남아프리카'의 것이라는 사실이 밝혀진 20점이 2011년 9월 말에 반환되었다. 현재 나머지와 프라이부르크대학에 보관되어 있는 것에 대해서도 반환 협상이 진행되고 있다.

 독일 측에서 이러한 반환을 지지해 온 것은 주로 NGO 사람들이며, 정치가들의 움직임은 둔하다. 그 가운데 올해 2월에는 연방의회에서 좌익당이 "구독일령 서남아프리카에서의 식민지 범죄를 제노사이드라고 인정해 보상을 한다"는 결의안을, 3월에는 사회민주당과 동맹 90·녹색당이 합동으로 "독일과 나미비아의 관계를 강화하고 독일의 역사적 책임을 정당하게 다한다"는 결의안을 냈다.[7] 전자는 2006년 나미비아 의회의 '보상' 요구 결의를 존중하고, 독일 정부가 "원조가 아니라 피해자의 요구에 응할" 것을 요구하고 있다. 후자는 1904/1908년 전쟁에서의 독일군 행위가 '식민지 범죄'이며 '제노사이드'라는 것을 독일 정부가 인정하고, 그 '정치적·도의적 책임'을 받아들이고, 2004년의 '사죄'와 그에 이은 자금 제공 이후 진전이 없는 '화해'를 추진할 것을 촉구하고 있다. 그러나 이 결의는 모두 여당 그리스도교민주동맹·그리스도교사회동맹의 반대로 부결되었다.

IV. 맺음말

 나미비아와 케냐 마우마우의 경우의 큰 차이는 직접적인 '피해자'가 생존해 있는가의 여부이다. 스스로 식민지 당국으로부터 고문을 받은 마우마우 투

---

7) Deutscher Bundestag, Drucksache, 17/8767(29.02.2012); 17/9033 (20.03.2012).

사 출신들 같은 식민지적 폭력의 직접적 '피해자'가 보상을 요구했을 때 사법은 그 구제의 길을 열고자 했다. 이것은 같은 유럽의 구식민지 영유국인 네덜란드에서 나온 인도네시아에 관한 최근의 판결과도 공통된다.

네덜란드의 식민지 지배하에 있던 자바는 제2차 세계대전 중에 일본에 점령당했는데, 일본의 패전과 함께 되돌아온 네덜란드는 이 땅의 재식민지화를 꾀했다. 그래서 격렬한 독립전쟁이 치러지게 된다. 이 독립전쟁이 한창이던 1947년에 '라와구데'라는 마을에서 네덜란드군 병사가 마을 남성 거의 전원을 총살하는 사건이 일어났다. 이 사건의 생존자들(살아 남은 1명의 남성과 살해된 남성의 부인들)이 2008년 네덜란드 법정에서 보상을 요구하는 소송을 제기했다. 네덜란드 정부는 일관되게 이 사건을 축소하고, 국제법을 위반한 병사를 처벌하지 않았는데, 2011년 판결에서는 원고에 대한 배상 지불을 네덜란드 정부에 명했다. 재판소는 원래 5년으로 정해져 있는 피해 제기의 시효에 대해서 정부 측의 주장을 기각하고, "사태의 중대함에 비추어 보아" 예외를 인정하여 제기를 수리하고, 이러한 판결을 내린 것이다. 판결문은 네덜란드 국가에 의한 '불법 행위'를 인정하고, 정부가 (원고들의) "과거와 장래의 고뇌를 배상해야 한다"고 하였다. 종래 네덜란드 정부가 150명이라고 했던 희생자 규모에 대해서도 이 재판을 통해서 원고 측의 주장대로 약 3배의 수치가 인지되었다. 이 판결을 받아들인 네덜란드 정부는 원고 9명에게 사죄하고, 1인당 2만 유로의 배상금을 지불했다.

이 라와구데 소송과 마우마우 소송이 보여주는 것은 제2차 세계대전 후의 식민지 독립으로부터 반세기 이상 시간이 지나서 생존해 있는 직접 '피해자'의 수가 아주 줄어들고 있는 가운데, 얼마 되지 않는 생존 피해자에 대하여 법의 해석을 가능한 한 확대해서 국가의 보상을 실현시키고자 하는 움직임이 확산되고 있는 것이다. 식민지주의 폭력의 명확한 '희생자', '피해자'가 존재하는 경우, 국가가 사죄와 보상을 해야 한다는 사고방식은 이제야말로 구식민지 영유국의 정부 내에서도 확실하게 기반을 얻고 있다고 할 수 있겠다. 한편, 나미비아의 경우와 같이 '직접 피해자'가 이미 생존하지 않는 상황하에서는 식민지 범죄에 관한 '법적 책임'을 묻는 일이 어려워지고 있다.

그러나 식민지주의의 폭력에 관한 역사 인식의 문제로서는 '직접 피해자'가 존재하는 경우와 그렇지 않은 경우, 다시 말해 법적 보상을 실시할 수 있는 경우와 그렇지 않은 경우의 차이를 일단 보류해서 생각하는 것도 필요하다고 생각된다. 예를 들면, 마우마우 투사 출신들의 소송의 경우 원고가 된 것은 '피해자'의 극히 일부에 지나지 않는다. 소송을 제기한 사람들의 '피해'가 인지되고 배상되는 것은 물론 필요하고 중요한 일이지만, 만약 구식민지 영유국의 정부가 그 '직접 피해자'의 구제를 통해 "식민지 책임을 수행했다"는 입장을 취한다면, 오히려 그것은 식민지주의의 역사에 관한 인식을 축소하는 일마저 될 수 있다. 라와구데 소송에서도 원고의 피해에 대해서는 시효 규정을 예외적으로 취급할 것이 인정되었지만, 원래 '전쟁 범죄'로 처벌되어야 할 네덜란드군 병사들의 불법 행위에 대한 정부의 '부작위'에 대해서는 '시효'에 따라 원고의 제기가 각하되고 있다.

이렇게 보면, 법정을 무대로 한 '식민지책임'론은 바로 지금 개별 당사자의 피해를 인정하는 수준에 그치고 있다고 생각된다. 그러나 앞으로 생존 '피해자'의 수가 점점 줄어드는 가운데, 중요한 것은 오히려 역사 인식 차원에서의 쟁점을 앞으로 진행시키는 것일 것이다. 그러한 점에서 흥미로운 것은 앞서 말한 독일연방 의회의 두 결의안이다. 얼핏 보아 알 수 있는 바와 같이 좌익당의 결의안은 사회민주당·동맹 90·녹색당의 결의안에 비해 보다 명확히 국가의 '보상' 의무를 주장하고 있지만, 그래도 현재 독일 국가가 져야 할 '식민지책임'의 성격을 "특별한 역사적 책임, 도덕적 책임"이라고 하고 있다. 여기에서 요구되는 것은 '역사적 책임'으로서의 '식민지책임'을 정부가 인지한 다음에, 피해자의 구제뿐만 아니라 독일 국민에 대한 교육 같은 것을 포함한 다면적인 문제 해결과 화해의 방책을 입법 조치를 통해 실행하는 것이다. 그러한 사고방식은 한국을 비롯한 아시아 여러 나라와 일본의 관계에서도 앞으로 심화되어야 할 것이며, 그에서 큰 역할을 해내는 것은 역사가와 시민의 협력관계일 것이다.

• 참고문헌

〈전반〉

歷史學硏究會 編(2011), 『「韓國倂合」100年と日本の歷史學-「植民地責任」論の視座から』, 靑木書店.

永原陽子 編(2009), 『「植民地責任」論-脫植民地化の比較史』, 靑木書店.

淸水正義(2011), 『「人道に對する罪」の誕生-ニュルンベルク裁判の成立をめぐって』, 丸善プラネット.

『植民地支配責任を考える-歷史と法のあいだ』(2012), 同志社大學人文科學硏究所.

Brennan, Fernne & John Packer eds.(2011), *Colonialism, Slavery and Trade: Remedying the 'Past'?* London: Routledge.

Howard-Hassmann, Rhoda E.(2008), *Reparations to Africa*, Philadelphia: Univ. of Pennsylvania Press.

Jones, Adam ed.(2004), *Genocide, War Crime and the West: History and Complicity*, London: Zed Books.

Miller, Jon & Rahul Kumar eds.(2007), *Reparations: Interdisciplinary Inquiries*, New York: Oxford Univ. Press.

〈나우마우 관계〉

Anderson, David M.(2005), *History of the Hanged: Britain's Dirty War in Kenya and the End of Empire*, New York: W.W. Norton.

Anderson, David M.(2011. 12), "Mau Mau in the High Court and the 'Lost' British Empire Archives: Colonial Conspiracy or Bureaucratic Bungle?" *The Journal of Imperial and Commonwealth History*, Vol. 39, No. 5.

Bennett, Huw(2011. 12), "Soldiers in the Court Room: The British Army's Part in the Kenya Emergency under the Legal Spotlight," *The Journal of Imperial and Commonwealth History*, Vol. 39, No. 5.

Elkins, Caroline(2005), *Imperial Reckoning: The Story of Britain's Gulag in Kenya*, New York: Henry Holt.

Elkins, Caroline(2011. 12), "Alchemy of Evidence: Mau Mau, the British empire, and the High Court of Justice," *The Journal of Imperial and Commonwealth History*, Vol. 39, No. 5.

〈나미비아 관계〉

Sarkin, Jeremy(2009), *Colonial Genocide and Reparations Claims in the 21st Century: The Socio-legal Context of Claims under International Law by the Herero against Germany for Genocide in Namibia, 1904~1908*, Westport, Conn., Praeger Security International.

Zimmerer, Jürgen & Joachim Zeller eds.(2007), *Genocide in German South-West Africa: The Colonial War of 1904~1908 and its Aftermath*, London: Merlin Press. (original in German: 2003)

'식민지책임'의 청산과 일본군'위안부' 문제

경북대학교 법학전문대학원 교수 **김창록**

'식민지책임'의 청산과 일본군'위안부' 문제*

경북대학교 법학전문대학원 교수 **김창록**

I. 머리말

1910~1945년까지 35년간에 걸친 일제의 한반도 강점에 대한 책임 추급은 광복 직후부터 시도되었고 그것은 1965년 '대한민국과 일본국 간의 기본관계에 관한 조약(이하 '기본조약')과 '대한민국과 일본국 간의 재산 및 청구권에 관한 문제의 해결과 경제협력에 관한 협정(이하 '청구권협정')' 등의 체결을 통해 하나의 결절점을 맞았다. 하지만 1965년의 결절점은 애매한 얼버무림에 불과했고, 그 때문에 냉전이 종식된 1990년대에 들어 피해자들이 책임 추급을 위해 직접 나섰다. 그리고 이때의 책임 추급에서 중요한 비중을 차지한 것은 법적인 추급, 그중에서도 특히 소송이었다.

1990년대 책임 추급의 선두에 선 사람들은 한국인 일본군'위안부' 피해자

---

* 이 글은 2012년 6월 22일의 동북아역사재단 심포지엄 발표를 위해 작성된 것이며, 아직 미완고이다. 이 글에 대한 인용은 반드시 사전에 필자의 동의를 얻어줄 것을 요청한다.

들이었다. 그들은 40여 건이 넘는 한국인들의 일본에서의 소송을 촉발한 동력이었다. 소송의 커다란 계기가 되었던 일본 정부의 국회 답변은 일본군'위안부'에 대한 국회의원의 질문에 대한 것이었다. 나아가 그들은 미국과 한국에서도 소송을 제기하여 일본의 '식민지책임' 법적 추급의 동력을 끊임없이 이어갔다.

그 결과, 한국의 헌법재판소는 2011년 8월 30일, 비록 한정된 의미에서이기는 하지만, 일본군'위안부' 문제와 관련한 '식민지책임' 추급이 계속되어야 한다고 선언했다. 뒤이어 2012년 5월 24일 한국의 대법원은 '식민지책임'에 관한 매우 명쾌하고도 전면적인 법적 결단을 내렸다.

2012년 6월 22일 현재, 한국에서는 일제의 '식민지책임'이 법적인 차원에서 전면적으로 제기되어 있다. 그 제기의 주체는 한국 최고의 사법기관인 헌법재판소와 대법원이다. 1945년 8월 일제의 강점이 끝난 지 70년이 가까워 오는 시점에 이르러 한국 최고의 사법기관들이 '식민지책임'을 전면적으로 제기하게 된 이유는 무엇이며, 그 의미는 무엇일까? 이 글은 그 질문에 대한 답을 찾기 위한 하나의 모색이다.

II. 법적 노력 개관[1]

1. 문제의 제기와 국제사회의 호응

일본군'위안부' 문제는, 1980년대 말 한국의 여성단체에서 최초로 공식적

---

1) 이 장의 내용 중 2011년 10월까지 전개된 사항에 관한 부분은, 김창록(2010), 「일본군 '위안부' 문제에 관한 법적 검토 再考」(『법제연구』 39)를 요약·보완한 것이다.

으로 제기하였다. 그것은 한국의 여성단체가 1990년 10월 17일 발표한 공동성명에서 보다 구체화되어, "1. 일본 정부는 한국인 여성들을 종군위안부로서 강제연행한 사실을 인정할 것, 2. 이에 대해 공식적으로 사죄할 것, 3. 만행의 전모를 스스로 밝힐 것, 4. 희생자를 위하여 추모비를 건립할 것, 5. 생존자와 유족들에게 배상할 것, 6. 다시는 이런 일이 일어나지 않도록 역사교과서에 이 사실을 계속 가르칠 것"[2]이 일본 정부가 구체적으로 취해야 할 행동으로서 제시되었다.[3] 피해자 측의 이러한 문제 제기는 1990년 11월 16일에 37개의 여성단체와 개인들이 한국정신대문제대책협의회(이하 '정대협'으로 줄여 씀)를 발족시켜 피해자의 실태 조사, 한국 및 일본의 국회 및 정부에 문제해결을 위한 적극적인 조치 요구, 일본대사관 앞에서의 지속적인 수요집회 등의 활동을 펼침으로써 더욱 조직화되었으며, 이후 국내외에서 규탄집회, 성명, 기자회견, 서명운동, 시위 등 다양한 활동을 통해 확산되었다.[4]

피해자 측의 문제 제기에 가장 적극적으로 호응한 것은 국제사회였다. 1992년 2월에 일본군 '위안부' 문제가 유엔 인권위원회에서 처음으로 제기됨으로써 국제문제화된 이후, 이 문제는 유엔 인권위원회와 유엔 차별방지소수자보호소위원회, 유엔 현대노예제 작업부회, 그리고 국제노동기구(ILO) 등에서 끊임없이 제기되었으며, 그들 국제적인 무대에서는 각종의 NGO들이 유엔에 대해 조사·권고를 요구하며 활동을 이어갔다.[5]

---

[2] 吉見義明(1995), 『從軍慰安婦』, 岩波書店, 4쪽.
[3] 2010년 10월 20일 현재 한국정신대문제대책협의회의 홈페이지에는 일곱 가지 요구사항이 제시되어 있다. 즉 "1. 일본군 '위안부'의 범죄 인정, 2. 진상 규명, 3. 국회 결의 사죄, 4. 법적 배상, 5. 역사교과서 기록, 6. 위령탑과 사료관 건립, 7. 책임자 처벌" (http://www.womenandwar.net/menu_01.php)이 그것이다.
[4] http://www.womenandwar.net/ 참조.
[5] 이들 단체의 활동에 관한 상세한 설명으로, 정진성(2004), 『일본군 성노예제 – 일본군

국제사회의 호응 중 대표적인 것은 1994년 11월 22일 유엔 NGO인 국제법률가위원회(International Commission of Jurists; 이하 'ICJ'로 줄여 씀)가 발표한 보고서 「위안부-끝나지 않은 시련(Comfort Women-an unfinished ordeal)」,[6] 1996년 2월 유엔 인권위원회 '여성에 대한 폭력에 관한 특별보고자' 라디카 쿠마라스와미(Radhika Coomaraswamy)의 보고서 「전시의 군사적 성노예 문제에 관한 조선민주주의인민공화국, 대한민국 및 일본 파견 조사 보고서(Report on the mission to the Democratic People's Republic of Korea, the Republic of Korea and Japan on the issue of military sexual slavery in wartime)」,[7] 유엔 인권소위의 '전시성노예제 특별보고자' 게이 맥두걸(Gay J. McDougall)의 1998년 8월 보고서 「제2차 대전 중 설치된 '위안소'에 관한 일본 정부의 법적 책임의 분석(An Analysis of the Legal Liability of the Government of Japan for "Comfort Women Stations" Established during the Second War)」,[8] 그리고 아시아 여성단체들의 이니셔티브에 의해 2000년 12월 7일~12일까지 개정되어, 남북한·중국·대만·필리핀·말레이시아·인도네시아·동티모르·네덜란드 검사단의 기소와 판사단의 판결로 이어진 '2000년 일본군성노예전범 여성국제법정(The Women's International War Crimes Tribunal 2000 For the Trial of Japanese Military Sexual Slavery)'이다.[9]

위안부문제의 실상과 그 해결을 위한 운동』 제2부 및 제3부, 서울대학교출판부; 戶塚悅朗(2008), 『日本が知らない戰爭責任―日本軍「慰安婦」問題の眞の解決へ向けて』, 現代人文社; 도츠카 에츠로, 박홍규 역(2001), 『위안부가 아니라 성노예이다』, 소나무 참조.
[6] 그 중요 부분의 번역은, 김창록·이승욱(2003), 『일본군 '위안부' 문제에 관한 국제사회의 동향』(여성부 연구보고서), 40쪽 이하 참조.
[7] UN Doc. E/CN. 4/1996/53/Add. 1. 그 중요 부분의 번역은, 김창록·이승욱(2003), 위의 책, 56쪽 이하 참조.
[8] UN Doc. E/CN.4/Sub.2/1998/13/Add. 1. 그 중요 부분의 번역은, 김창록·이승욱(2003), 위의 책, 85쪽 이하 참조.

위와 같은 국제사회의 동향을 통해 확인할 수 있는 것은 일본군 '위안부' 문제에 관한 국제사회의 법적 판단이 종결되었으며 그 판단에 따라 취해져야 할 조치에 대한 합의 또한 도출되었다는 것이다. 즉, 그 보고서들을 통해 일본군 '위안부' 제도는 인도에 대한 범죄, 노예제 금지 등의 국제법을 위반한 범죄 행위이며[10] 그 행위에 대해 일본인 개인은 형사처벌을 받지 않으면 안 되고 일본은 국가적 차원에서 사죄와 배상을 하고 역사교육을 할 뿐만 아니라, 관련 범죄자들을 소추하지 않으면 안 된다는 것이 국제사회의 법적 상식임이 명확하게 선언되었다고 할 수 있는 것이다.

2. 일본과 한국 정부의 초기 대응

하지만 국제사회의 이러한 목소리는 일본과 한국 정부에게서는 적극적인 반향을 얻지 못했다. 우선 일본 정부는 일본군 '위안부' 문제가 처음 제기되자 거듭하여 "민간의 업자"가 한 일일 뿐 일본이나 일본군과는 관계없는 일이라며 책임을 전면 부정했다.[11] 그러나 1992년 1월 11일 요시미 요시아키[吉見義明] 교수가 일본 방위청 방위연구소 도서관에서 6점의 증거자료를 발견하여

---

9) 2000년 법정의 구체적인 전개과정에 관해서는 한국정신대문제대책협의회(2001), 『2000년 일본군성노예전범 여성국제법정 보고서』, 한국정신대문제대책협의회; VAWW-NET Japan 編(2002), 『女性國際戰犯法廷の全記錄』 I·II, 凱風出版 참조. 그리고 그에 대한 분석으로는 조시현(2009), 「2000년 일본군 성노예전범 여성국제법정과 일본군 '위안부' 문제에 대한 새로운 이해의 가능성」, 김부자 외 10, 『한일간 역사현안의 국제법적 재조명』, 동북아역사재단; 양현아(2009), 「2000년법정을 통해 본 피해자 증언과 법 언어의 만남」, 같은 책 참조.
10) 이에 관한 보다 상세한 설명은 김창록·이승욱(2003), 앞의 책, 9쪽 이하 참조.
11) 예를 들어 1990년 6월 6일 참의원 예산위원회에서의 모토오카 쇼지[本岡昭次] 의원의 질문에 대한 답변, 日本參議院(1990. 6. 6), 『豫算委員會會議錄第一九號』, 6쪽.

신문에 공개하자[12] 다음날인 1월 12일 관방장관이 일본군의 관여를 인정했고, 1월 13일에는 "진심으로 사과와 반성(お詫び)의 마음을" 전한다며 사죄의 담화[13]를 발표했다. 그 후 일본 정부는 자료 조사와 피해자 증언 청취를 실시하고 그것을 토대로 1993년 8월 4일 관방장관 담화를 발표하여, 1. "위안소의 설치·관리 및 위안부의 이송에 관해서는 구 일본군이 직접 또는 간접적으로 이에 관여했다." 2. "위안부의 모집에 관해서는 …… 감언, 강압에 의하는 등, 본인들의 의사에 반하여 모집된 사례가 많이 있고, 나아가 관헌 등이 직접 이 일에 가담한 경우도 있었다." 3. "위안소에서의 생활은 강제적인 상황 아래에서의 가혹한 것이었다." 4. 위안부문제는 "당시의 군의 관여 아래 다수 여성의 명예와 존엄을 심각하게 손상시킨 문제"다, 5. 전(前) 위안부 여러분에게는 "진심으로 사과와 반성의 마음을 전한다"[14]라고 밝혔다.

그러나 이렇게 사과를 하고 난 이후에도 일본 정부는 법적 책임은 인정할 수 없고 설사 문제가 된다 하더라도 이미 양국 간 조약에 의해 끝난 문제이며, 따라서 더 이상 배상은 할 수 없다는 입장을 고수했다. 그 대신에 일본 정부가 내놓은 카드는 민간모금에 의한 위로금의 전달이었다. 이 카드는 1994년 8월 31일 무라야마 도미이치[村山富市] 수상에 의해 발표되었고, 뒤이은 하시모토 류타로[橋本龍太郎] 정부에 의해 '여성을 위한 아시아 평화국민기금(이하 '아시아 여성기금'으로 줄여 씀)'으로 구체화되었다.[15] 일본 정부와 '아시아 여성기금'은 1996년

---

12) 吉見義明(1995), 앞의 책 참조.
13) 金明基(1993), 『挺身隊와 國際法』, 法志社, 206쪽.
14) '慰安婦關係調査結果發表に關する河野內閣官房長官談話', 1993. 8. 4(http://www.mofa.go.jp/mofaj/area/taisen/kono.html).
15) '아시아 여성기금'의 활동에 관해서는, 그 홈페이지(http://www.awf.or.jp/) 및 大沼保昭·下村滿子·和田春樹(1998), 『「慰安婦」問題とアジア女性基金』, 東信堂 참조.

8월 14일 피해자의 저항이 가장 적고 피해자의 경제상황이 가장 나쁜 필리핀에서 피해자 4명에게 2백만 엔의 '위로금'과 하시모토 수상의 '사과와 반성의 편지'를 교부했다. 그리고 1997년 1월 11일에는 일본의 '아시아 여성기금' 관계자들이 서울에서 피해자 7명을 만나 마찬가지로 위로금 2백만 엔과 함께 하시모토 수상의 편지 등을 전달했다.[16] 하지만 기금모금 및 전달의 형식에서도 이미 알 수 있듯이 이것은 결코 일본국의 법적 책임을 인정한 것이 아니었다. 수상의 편지에는 일본의 법적 책임에 대한 언급은 물론이고, 일본 정부가 이미 인정한 강제의 사실에 대해서조차 언급이 없었다.[17] 그 결과는 필리핀에서의 일본군'위안부'에 관한 운동의 활성화, 그리고 한국 등 관련국의 피해자, 민간단체 및 정부의 거센 반발이었다.[18] 그래서 결국 2002년 10월 '아시아 여성기금'은 '위로금 사업'의 종료를 선언하지 않을 수 없었으며, 2007년 3월에는 마침내 해산하기에 이르렀다.[19]

---

16) http://www.awf.or.jp/3/korea.html 참조.
17) 참고로 하시모토 수상의 편지의 전문(http://www.awf.or.jp/6/statement-12.html)은 다음과 같다. "이번에, 정부와 국민이 협력하여 추진하고 있는 '여성을 위한 아시아평화국민기금'을 통해, 과거의 종군위안부 여러분에게 우리나라(일본 – 필자)의 국민적인 보상이 행해지는 데 즈음하여, 저의 마음을 표명하고자 합니다. / 이른바 종군위안부 문제는, 당시의 군의 관여 아래, 다수의 여성의 명예와 존엄을 심각하게 해친 문제였습니다. 저는 일본국의 내각총리대신으로서, 다시 한 번 이른바 종군위안부로서 수많은 고통을 경험하시고 심신 모두 치유하기 어려운 상처를 입은 모든 분들에 대해, 마음으로부터 사과와 반성의 마음을 전합니다. / 우리들은, 과거의 무게로부터도 미래에의 책임으로부터도 달아나는 것은 아닙니다. 우리나라(일본 – 필자)로서는, 도의적인 책임을 통감하면서 사과와 반성의 마음에 입각하여 과거의 역사를 직시하고 올바르게 이것을 후세에 전함과 동시에, 당치않은 폭력 등 여성의 명예와 존엄에 관한 문제들에도 적극적으로 대처해 가지 않으면 안 된다고 생각하고 있습니다. / 끝으로, 여러분이 앞으로 편안한 삶을 보내시기를 마음으로부터 빕니다. / 1996 일본국 내각총리대신 / 하시모토 류타로."
18) 戶塚悅朗(2008), 앞의 책, 214~220쪽 참조.

한편 한국 정부[20]는 문제가 처음 제기되었을 때에는 무대응으로 일관했으나, 1991년에 이르러 국민여론이 들끓자 비로소 '선(先) 진상규명, 후(後) 배상문제 검토'라는 논리를 세워 일본 정부에 대해 조사를 요구했다. 그리고 자체 조사와 피해자 신고 접수에 나서서, 1992년 7월 『일제하 군대위안부 실태조사 중간보고서』를 발간했고 그때까지 155명의 일본군 '위안부' 신고를 접수했다. 또한 1993년 6월 11일에는 '일제하 일본군위안부에 대한 생활안정지원법'(법률 제4565호)을 제정하여, "일제에 의하여 강제동원되어 일본군위안부로서의 생활을 강요당한 자"에 대해 "국가가 인도주의정신에 입각하여" 최소한의 '보호'와 '지원'을 제공하게 되었다(제1조).

하지만 한국 정부의 입장은 어디까지나 소극적인 것이었으며 일관성이나 통일성도 결여된 것이었다. 그러나 이러한 난맥상은 1998년 10월 8일 김대중 대통령이 오부치 게이조[小淵惠三] 수상과 정상회담을 하고 '공동선언'[21]을 발표한 이후 결정적인 것이 되었다. 이 '공동선언'을 계기로 일본 정부는 물론이고 한국 정부도 한일 간 과거청산 문제는 '종결'되었다는 입장을 취했다. 이후 김대중 정부는 일본군 '위안부' 문제와 관련하여 어떠한 적극적인 조치도 취하지 않았다.

---

19) http://www.awf.or.jp/3/dissolution.html 참조.
20) 이에 관한 보다 상세한 기술은, 김창록·이승욱(2003), 앞의 책, 29쪽 이하 참조.
21) '日韓共同宣言―21世紀に向けた新たな日韓パートナーシップ', 1998. 10. 8(http://www.mofa.go.jp/ mofaj/kaidan/yojin/arc_98/k_sengen.html). 이 공동선언을 중심으로 한 한일관계에 대한 분석으로, 김창록(1999), 「한일관계와 과거청산―한일 '신파트너십'을 실마리로」, 『국제지역문제연구』(부산대학교) 17-1 참조.

3. 일본에서의 소송

앞에서 살펴본 것처럼 국제사회의 강력한 호응을 받으면서도 일본 정부와 한국 정부의 소극적인 태도에 따라 문제 해결에 진척이 보이지 않는 상황에서 피해자들은 일본에서의 소송이라는 구체적인 법적 해결 방법에 호소했다.

우선 범죄자의 처벌과 관련하여 1994년 2월 7일 한국인 피해자 27명이 고소장을 도쿄[東京] 지방검찰청에 제출하고 동시에 정대협도 고발장을 제출하여[22] 일본의 검찰당국에 대해 공식적으로 책임자의 처벌을 요구했다. 하지만 담당검사는 고소장·고발장을 "곁눈으로 대충 읽은 후 '수리할 수 없다'"라며 수리 자체를 거부했다.[23] 일본의 검찰이 움직이지 않는 이상 일본에서의 형사소추는 불가능한 것이었기 때문에 일본에 의한 범죄자의 처벌에의 요구는 여기에서 좌절될 수밖에 없었다.[24]

그 결과 일본에서의 소송은 민사소송에 집중될 수밖에 없었다. 이들 소송과 관련해서는 때마침 일본 정부가 일본 국회에서 소송의 가능성을 적극 인정하는 듯한 발언을 한 것도 '촉발제' 구실을 했다. 즉, 1991년 8월 14일 한국인 '위안부' 피해자 김학순이 처음으로 자신이 피해자였음을 밝히며 일본의 책임을 추궁하는 기자회견을 한 것을 계기로 격화된 일본 국회에서의 논란 과정에서 일본 정부는 1991년 8월 27일의 참의원 예산위원회에서 야나이 슌지[柳井

---

22) 고소장은 『法學セミナー』 472, 1994, 106~107쪽, 고발장은 『역사비평』 25, 1994, 381~394쪽; 『法學セミナー』 478, 1994, 108~112쪽과 『法學セミナー』 480, 1994, 33~36쪽 참조.
23) 戶塚悅朗(2008), 앞의 책, 24쪽.
24) 위에서 설명한 '2000년 법정'은 이러한 좌절을 극복하기 위한 노력이었다.

(俊二) 외무성 조약국장의 발언을 통해, '청구권협정'의 의미는 "일한(日韓) 양국이 국가로서 가지고 있는 외교보호권을 상호 포기한 것이라는 것입니다. 따라서, 이른바 개인의 청구권 그 자체를 국내법적인 의미에서 소멸시킨 것은 아닙니다. 일한 양국 간에 정부의 입장에서 이것을 외교보호권의 행사로서 문제 삼을 수는 없다 이러한 의미입니다"[25]라고 답변하여, "'청구권협정'에도 불구하고 개인의 청구권이 소멸되지 않았다"라는 입장을 밝혔는데, 이것이 그 청구권의 실현을 요구하는 한국인 피해자들의 소송이 대거 제기되는 계기가 되었으며 다시 한국인들의 소송이 중국·대만·필리핀 등의 피해자들의 대대적인 소송을 촉발하게 되었던 것이다.

그리하여 제국주의 국가 일본의 아시아 지역의 식민지 지배와 침략에 따른 피해의 구제를 위해 일본에서 제기된 소송(이하 '대일과거청산소송')은 2007년 2월 현재 총 81건에 이르게 되었으며, 그중 8건이 '위안부' 피해자들에 의한 소송이었고, 다시 그중 3건이 한국인 '위안부' 피해자들에 의한 소송이었다.[26]

한국인 일본군 '위안부' 피해자들에 의한 소송은, 1991년 12월 6일에 제기된 '태평양전쟁희생자유족회 소송', 1992년 12월 25일에 제기된 '부산 위안부·근로정신대 소송', 1993년 4월 5일에 제기된 '재일한인 위안부 송신도 소송'이다. 이들 소송에서 원고인 피해자들은, 일본군 '위안부'와 관련된 행위들이 국제법과 일본의 국내법을 위반한 불법행위이므로, 일본 정부는 그에 대해 사죄하고 배상해야 한다고 주장했다. 이에 대해 피고인 일본국은 사실에 관해서는 전혀 다투지 않고 오로지 법률론으로만 일관하여, 국가무책임의

---

25) 日本參議院(1991. 8. 27), 『豫算委員會會議錄第三號』, 10쪽.
26) 이들 소송에 관한 총괄적인 분석은 김창록(2007), 「일본에서의 대일과거청산소송 – 한국인들에 의한 소송을 중심으로」, 『법사학연구』 35 참조.

법리,[27] 소멸시효·제척기간, '청구권협정'에 의한 해결을 내세우며 원고 측의 주장이 배척되어야 한다고 주장했다.

일본의 재판소는 한편으로 피고 측이 다투지 않은 원고 측의 사실에 관한 주장들을 판결문에 상세하게 담아 피해의 사실을 확인하면서도 다른 한편으로 피고 측의 법리적 주장들을 받아들여 원고 측의 배상과 사죄 요구를 배척했다. 원고가 일부나마 승소한 유일한 예는 1998년 4월 27일의 야마구치[山口] 지방재판소 시모노세키[下關] 지부의 1심판결이었는데, 이 판결도 '국가무책임의 법리'와 '소멸시효·제척기간'이라는 법적 장벽을 우회하여, 원래의 피해에 대해서가 아니라 "피해자에 대해, 그 이상의 피해의 증대를 초래하지 않도록 배려·보증해야 할 조리상의 법적 작위의무"로서 "특별 배상입법을 해야 할 의무를 위법하게 게을리한 데 따른 정신적 손해의 배상"금 각 30만 엔을 지급하라고 선고하는 데 머물렀다.[28]

4. 소송의 확산과 종결

한편으로 위와 같은 일본 재판소의 소극성에 지치고 다른 한편으로 독일의 기업을 상대로 나치의 강제노동 피해자들이 미국에서 제기한 소송이 '기억, 책임 그리고 미래(Erinnerung, Verantwortung und Zukunft)'라는 재단의 설립에 따른 문제의 해결[29]로 이어진 사실에 주목한 피해자들은 2000년대에 들어서 미국

---

27) 패전 전의 일본에서는 국가는 법적 책임을 지지 않았다라고 하는 주장.
28) 山口地裁下關支部 平成4年(ワ)349號等, 1998. 4. 27. 이 판결에 관한 분석으로, 김창록(1998), 「일본군 '위안부' 문제의 법적 해결을 위한 하나의 모색 – 시모노세키판결을 중심으로」, 『인권과 정의』 167; 金昌祿(2002), 「日本軍「慰安婦」訴訟と日本の裁判所の課題」, 池明觀 他3 編著, 『日韓の相互理解と戰後補償』, 日本評論社 참조.
29) 이에 관해서는 우선, 송충기(2005), 「독일의 뒤늦은 과거청산 – 나치하 외국인 강제노

에서의 소송에서 문제 해결의 가능성을 찾았다. 1999년 7월 28일에 미국의 캘리포니아주에서 "제2차 세계대전 노예노동 피해자 및 제2차 세계대전 강제노동 피해자에게 정의에 기초하는 배상을 보장하기 위해," 그들 또는 그들의 상속인에 의한 배상청구소송에 민사소멸시효 규정을 2010년 12월 31일까지 적용하지 않는 것 등을 내용으로 하는 법률(헤이든[Hayden]법)[30)]이 성립된 것도 피해자들을 고무했다.[31)]

그러한 배경 아래에서 2000년 9월 18일 한국 · 중국 · 대만 · 필리핀 출신 일본군'위안부' 피해자 15명이 미국 워싱턴의 연방지방법원에 일본국을 상대로 집단소송(Hwang Geum Joo v. Japan)을 제기했다. 이 소송은 소송을 통한 문제 해결의 '일본적 한계'를 뛰어넘을 수 있는 가능성을 가지는 것으로서 특별히 주목되었다. 당시 일본에서의 소송에서 원고들이 직면했던 법적 장벽은 주로 국가무책임의 법리와 소멸시효 · 제척기간이었는데, 전자와 관련해서는 그것이 특수 일본적 논리였던 까닭에 미국의 법정에서 통용되기 어려웠고, 후자와 관련해서는 헤이든법의 '지원'이 기대될 수 있었기 때문이다. 이들 법적 장벽을 뛰어넘어 일본의 최대 수출시장인 미국에서 일본국이 패소 판결을 받을 경우 그 영향은 실로 엄청난 것일 터였다.[32)]

하지만 그러한 기대와는 달리 미국에서의 소송도 결국 승소로 이어지지 못

역자에 대한 보상을 중심으로」, 『역사비평』 73; 박재영 · 김영란(2009), 「독일의 과거 극복, 어디까지 왔나?」, 『동학연구』 26 참조.

30) 전문은 http://www.leginfo.ca.gov/pub/99-00/bill/sen/sb_1201~1250/sb_1245_bill_19990728_chaptered.html 참조.

31) 이에 관한 보다 상세한 설명은, 한우성(2000), 「끝나지 않은 전쟁 – 미국에서 진행중인 '일본군위안부' 및 징용 소송에 대한 보고서」, 『당대비평』 13 참조.

32) 당시 필자가 만난 일본의 변호사들은 이 소송으로 인해 "일본 정부가 패닉 상태에 빠졌다"라고 했다.

했다. 이 소송에서 원고인 피해자들은 '성노예' 제도를 설립·유지한 일본 정부의 행위가 전쟁범죄·인도에 대한 죄를 범한 것이며 여러 국제조약 및 국제관습법을 위반한 것이라고 주장하고, 관련 자료의 즉각적인 공개와 사죄 및 배상 등을 청구했다. 이에 대해 피고인 일본국은 '주권면제(sovereign immunity)'와 '정치적 문제(a political question)'의 법리를 내세워 각하를 요구했다. 그리고 때마침 일본의 고이즈미 준이치로[小泉純一郞] 정부와 밀월관계를 유지하고 있던 미국의 부시(George W. Bush) 정부도 법정조언 서류(armicus curiae brief)와 정부 입장을 밝히는 소명서(statement of interest)를 통해 피고의 주장을 지원했다. 컬럼비아지구 연방지방법원은 2001년 10월 4일 주권면제 혹은 정치적 문제의 법리를 동원하여 피고 측의 각하신청을 받아들였으며,[33] 컬럼비아지구 연방항소법원도 2003년 6월 27일 및 2005년 6월 28일 각각 원심을 지지하는 결정을 내렸다.[34] 그리고 연방대법원이 2006년 6월 21일 이송영장 청원(petition of writ of certiorari)을 거부함으로써[35] 이 소송은 종결되었다.[36]

일본에서의 '위안부' 소송이 큰 성과를 내지 못하고 있는 가운데 2000년대에 들어와 일본의 재판소는 대일과거청산소송에서 적지 않은 태도의 변화를

---

33) Hwang Geum Joo v. Japan, 172 F.Supp. 2d 52 (D.D.C., 2001) 참조.
34) Hwang Geum Joo v. Japan, 332 F.3d 679 (C.A.D.C., 2003); Hwang Geum Joo v. Japan, 413 F.3d 45 (C.A.D.C., 2005) 참조.
35) Hwang Geum Joo v. Japan, 546 U.S. 1208, 126 S.Ct. 1418 (U.S., 2006) 참조.
36) 이 소송에 관한 보다 상세한 분석은, Jennifer Kwon, "The Comfort Women Litigation and the San Francisco Treaty: Adopting a Different Principle of Treaty Interpretation," 73 *George Washington Law Review*, 2005; Christopher P. Meade(2002), "From Shanghai to Globocourt: An Analysis of the 'Comfort Women's' Defeat in Hwang v. Japan," 35 *Vanderbilt Journal of Transnational Law*; 최태현(2009), 「미국에서의 일본군 위안부 관련 소송 연구」, 김부자 외 10, 앞의 책 참조.

보이기 시작했다. 국가무책임의 법리는 패전 전의 법에 대한 잘못된 이해에 기초한 것이라고 해서 배척하는 판결이 나왔으며, 소멸시효·제척기간의 주장은 신의성실의 원칙에 반하고 권리남용에 해당한다고 해서 배척하는 판결이 나왔다.[37] 또한 일본 정부와 기업의 행위가 국제법을 위반한 것이었다고 적극적으로 인정하는 판결도 나왔다.[38] 이것은 곧 일본의 재판소에서도 일본 정부와 기업의 법적 우위가 무너져 내리기 시작했다는 것을 의미했다.

일본 정부는 이러한 상황과 국가무책임의 법리와 소멸시효·제척기간으로는 애당초 법적 우위를 기대하기 어려운 미국에서의 소송에 대한 대처를 위해 '청구권협정'에 관한 자신의 기존 주장을 뒤집어 그것을 핵심적인 방어논리로서 전면에 내세웠다. 즉, 고이즈미 정부는 '청구권협정'이 체결된 1965년 당시 "외교보호권만 소멸되었다"고 했고, 일본군'위안부' 피해자 등에 의한 과거 청산 요구가 강하게 제기된 1990년대에 들어와서는 "청구권이 존재한다. 소송을 제기할 수 있다. 판단은 재판소가 할 일이다"라고 했던 일본 정부 종래의 주장을 뒤집어, "'청구권'에 관해서는 일한청구권협정 제2조 3에 일률적으로 '어떠한 주장도 할 수 없는 것으로 한다'라고 되어 있고, 동 협정 제2조 1에 '청구권에 관한 문제가 완전히 그리고 최종적으로 해결된 것이 된다'라는 것이 확인되어 있다. …… '청구권'에 관해 어떠한 주장도 할 수 없고, 완전히 그리고 최종적으로 해결되었다는 것은 한국 및 그 국민이 어떠한 근거에 기초하여 일본국 및 그 국민에게 청구하더라도, 일본국 및 그 국민은 그것에 응할 법적 의무는 없다라는 것을 의미한다. …… 따라서, 한국 국민이 이 '청구권'에 기초하여 우리나라(일본-필자)에 청구를 했다고 해도 우리나라(일본-필자)

---

[37] 松本克美(2002), 「戰後補償訴訟の新展開」, 『立命館法學』 283 참조.
[38] 申惠丰 他2(2005), 『戰後補償と國際人道法―個人の請求權をめぐって』, 明石書店 참조.

는 그것에 응할 법적인 의무가 없는 것이 된다"[39]라는 주장을 내세우기 시작했다.[40]

결국 일본의 재판소가 상급심을 중심으로 이러한 일본 정부의 '전향'에 동조하는 분위기가 형성되어 가는 가운데 '태평양전쟁희생자유족회 소송'은 2004년 11월 15일 최고재판소의 기각 판결[41]에 따라 종결되었고, '재일한인 위안부 송신도 소송'도 2003년 3월 28일 최고재판소의 불수리 결정에 따라 종결되었다. 또한, 1심에서 원고 일부승소의 판결이 내려졌던 '부산 위안부·근로정신대 소송'의 경우에도 2001년 3월 29일 항소심인 히로시마[廣島] 고등재판소의 판결[42]에 따라 번복된 데 이어, 2003년 3월 25일 최고재판소의 불수리 결정에 따라 종결되었다.

5. 한국 정부의 태도 변화와 새로운 가능성

한편 한국 정부는 2002년 2월에 출범한 노무현 정부에 이르러 일본군 '위안부' 문제에 대해 보다 적극적인 태도를 보였다. 노무현 정부는 김영삼·김대중 정부 당시에 제정된 '5·18민주화운동 등에 관한 특별법'(1995. 12. 21) 등에 의한 국내적 과거청산의 흐름을 이어받아 '진실·화해를 위한 과거사정리기본법'(2005. 5. 31)을 제정하는 한편, 그 흐름을 한일관계에까지 확대하여 '일제강점하 강제동원 진상규명 등에 관한 특별법'(2004. 3. 5), '일제강점하 반민족행

---

39) '平成11年(ネ)第206號 損害賠償請求控訴事件 第12準備書面', 2003. 9. 19.
40) 이에 관한 보다 상세한 분석은 김창록(2004), 「한일간 과거청산에 있어서의 국가의 논리와 개인의 권리」, 『법사학연구』 30 참조.
41) 最高裁 平成15年(オ)1895號, 2004. 11. 29.
42) 廣島高裁 平成10年(ネ)278號等, 2001. 3. 29.

위 진상규명에 관한 특별법'(2004. 3. 22) 등을 제정했다. 그리고 2005년 8월 26일에는 한일회담 관련 문서를 전면 공개하는 조치를 취했다.

일본군'위안부' 문제와 관련하여 특히 주목되는 것은 위의 문서 공개에 즈음하여 '한일회담 문서공개 후속대책 관련 민관공동위원회'가 내린 결정[43]이다. 국무총리를 공동위원장으로 하는 이 위원회는 2005년 8월 26일 '한일청구권협정의 법적 효력 범위'에 관해 "한일청구권협정은 기본적으로 일본의 식민지배 배상을 청구하기 위한 것이 아니었고, 샌프란시스코 조약 제4조에 근거하여 한일 양국 간 재정적·민사적 채권·채무관계를 해결하기 위한 것이었음", "일본군위안부 문제 등 일본 정부·군(軍) 등 국가권력이 관여한 반인도적 불법행위에 대해서는 청구권협정에 의하여 해결된 것으로 볼 수 없고, 일본 정부의 법적 책임이 남아 있음"이라고 정리했다. 그리고 "일제 강점하 반인도적 불법행위에 대해서는 외교적 대응방안을 지속적으로 강구해 나가기로" 하고 특히 "일본군위안부 문제는 일본 정부에 대해 법적 책임 인정 등 지속적인 책임 추궁을 하는 한편, UN인권위 등 국제기구를 통해서 이 문제를 계속 제기"하기로 결정했다.

이 결정은 한편으로 '청구권협정'에 따라 "한일 양국 간 재정적·민사적 채권·채무관계"는 해결되었지만, "일본 정부·군 등 국가권력이 관여한 반인도적 불법행위"는 '청구권협정'에도 불구하고 해결되지 않았으며, "일본 정부의 법적 책임이 남아 있다"라고 정리함으로써 종래 한국 정부의 혼란된 입장에서 벗어나 일본 정부에 대한 책임 추궁의 적극적인 가능성을 인정한 것이라고 평가할 수 있다. 특히 일본군'위안부' 문제의 경우 '청구권협정'에 의해 해결되

---

[43] 국무조정실(2005. 8. 26), 「보도자료 한일회담 문서공개 후속대책 관련 민관공동위원회 개최」.

지 않은 대표적인 '반인도적 불법행위'로 제시함으로써 그 책임 추궁의 가능성을 더욱 강하게 인정했다고 할 수 있다.

6. 일본군'위안부' 헌법소원

이러한 한국 정부의 적극적인 태도 표명에 주목하여 2006년 7월에는 일본군'위안부' 피해자 109명이 외교통상부장관을 피청구인으로 헌법소원[44]을 제기했다. 청구인 측은 '청구권협정'과 관련하여 피청구인이 일본 정부와의 관계에서 일본군'위안부' 피해자들인 청구인들의 권리 구제를 위한 조치를 취하지 않고 있는 부작위가 청구인들의 인간으로서의 존엄과 가치 및 행복추구권 등을 침해한 것으로서 위헌이라고 주장했다.[45] 이에 대해 피청구인 측은 외교적 보호권은 "'국가'에게 귀속되는 고유의 권리"로서 "고도의 재량권"이 인정되는 것일 뿐만 아니라 작위의무도 인정할 수 없고 기본권 침해도 없으므로 청구는 각하되어야 한다고 주장했다.[46] 이 헌법소원에 대해서는 2009년 4월 9일 공개변론을 거쳐[47] 2011년 8월 30일 헌법재판소가 획기적인 결정을 내렸다.

헌재는 그 결정에서 "헌법 제10조, 제2조 제2항 및 전문과 이 사건 협정 제3조의 문언에 비추어 볼 때, 피청구인이 위 제3조에 따라 분쟁해결의 절차로 나아갈 의무는 헌법에서 유래하는 작위의무로서 그것이 법령에 구체적으로

---

[44] 2006헌마788「대한민국과 일본국간의 재산 및 청구권에 관한 문제의 해결과 경제협력에 관한 협정」제3조 부작위 위헌 확인 사건.
[45] 청구인(이용수 외 108명), 「헌법소원심판청구서」, 2006. 7 참조.
[46] 피청구인(외교통상부장관), 「변론요지서」, 2009. 3. 5 참조.
[47] 이 공개변론에서 필자가 청구인 측 참고인으로서 제시한 의견은, 김창록(2009), 「일본군 '위안부' 헌법소원」, 『법학논고』(경북대학교) 31 참조.

규정되어 있는 경우라고 할 것이고 청구인들의 재산권 및 인간으로서의 존엄과 가치라는 기본권의 중대한 침해가능성, 구제의 절박성과 가능성 등을 고려할 때 피청구인에게 이러한 작위의무를 이행하지 않을 재량이 있다고 할 수 없으며 현재까지 피청구인이 분쟁해결절차의 이행이라는 위 작위의무를 충실히 이행하였다고 볼 수 없으므로 결국 피청구인의 이러한 부작위는 헌법에 위반하여 청구인들의 기본권을 침해한다"는 이유로, "청구인들이 일본국에 대하여 가지는 일본군위안부로서의 배상청구권이 '대한민국과 일본국 간의 재산 및 청구권에 관한 문제의 해결과 경제협력에 관한 협정(이하 '이 사건 협정') 제2조 제1항에 의하여 소멸되었는지 여부에 관한 한·일 양국 간 해석상 분쟁을 위 협정 제3조가 정한 절차에 따라 해결하지 아니하고 있는 피청구인의 부작위는 위헌임을 확인한다"고 선언했다.

이 결정 내용 중, 한일 과거청산과 관련하여 특별히 주목되는 것은 헌재가 '청구권협정'에 관해 "한·일 양국 간 해석상 분쟁"이 존재한다는 것을 확인했다는 점이다. 이것은 곧 1965년의 과제였던 '식민지책임' 추급이 당시에 충분히 이루어지지 않았으며, 현재도 여전히 미해결의 상태에 있다는 사실을 확인한 것이다. 요컨대 헌재의 결정은 '식민지책임'의 존재와 그 추급의 가능성 내지는 필요성을 법적으로 확인한 것이라는 점에서 획기적인 의미를 가진다고 할 수 있다.

이러한 헌재의 결정을 한국 정부는 무겁게 받아들였다. 외교통상부는 곧바로 TF팀을 꾸리고 자문위원단도 구성하여 대책 마련에 나섰다. 일본 정부에 대해 외교적 협상을 요구하는 구상서도 보냈다. 하지만 일본 정부는 "1965년에 끝난 일"이라는 입장에서 한 치도 물러서지 않았으며 그 결과 교착상태가 이어지고 있다.

이러한 결과는 헌재 결정의 '수비범위'가 국한되어 있다는 사실과 관련이 있다. 헌재의 결정은 '청구권협정' 제3조에 따른 조치들을 취하지 않고 있는 한국 정부의 '부작위'가 위헌이라고 선언한 것이다. 그 점에서 헌재의 결정은 비록 1965년에 형성되어 이후 한일관계를 규정해 온 '1965년 체제'를 흔드는 것이기는 했지만 '1965년 체제'의 틀 자체는 여전히 전제로 한 것이었다. 따라서 헌재의 결정은 '식민지책임' 추급의 가능성 내지는 필요성을 시사한 것이기는 했지만, 그 전면적인 추급의 법적 토대를 마련하는 단계에까지 나아간 것이라고 보기는 어려운 한계를 가지는 것이다.

III. 2012년 5월 24일 대법원 판결

1. 개관

위의 헌재 결정에 뒤이어 2012년 5월 24일 한국의 대법원은 '식민지책임'에 관한 획기적인 판결을 선고했다. 미쓰비시와 신일본제철에 의해 강제노동을 강요받았던 피해자들이 두 회사를 상대로 제기한 소송의 상고심 판결[48]이 그것이다. 이 판결들은 일본군'위안부' 문제를 포함한 한일 '식민지책임' 추급 전반에 관한 매우 획기적이고도 역사적으로 주목할 만한 '법적 결단'을 담고 있다는 점에서 특별히 주목하지 않으면 안 된다.

여기에서는 보다 많은 논점을 담고 있는 2009다22549 판결을 중심으로 그 의미를 되새겨 보기로 한다. 이 판결은 일본에서 이미 소송을 제기하여 패소

---

[48] 대법원 2012.5.24. 선고 2009다22549 판결; 대법원 2012.5.24. 선고 2009다68620 판결.

판결을 받은 미쓰비시중공업 강제징용 피해자들이 2000년 5월 1일 미쓰비시중공업의 연락사무소가 개설되어 있는 부산의 지방법원에 제기한 소송의 상고심 판결이다. 1심 법원인 부산지방법원은 '소멸시효'를 이유로 원고 패소 판결[49]을 내렸다. 2심 법원인 부산고등법원은 "일본국 재판소의 종전 소송 확정판결"의 기판력과 소멸시효를 이유로 원고의 항소를 기각하는 판결[50]을 내렸다.

2. 소멸시효 항변 배척

대법원의 판결 중 우선 주목되는 것은 이 사건의 경우 "특별한 사정이 있는 경우"에 해당하여 "채무자가 소멸시효의 완성을 주장하는 것이 신의성실의 원칙에 반하여 권리남용으로서 허용될 수 없다"라고 함으로써, 1·2심 법원의 판단을 배척한 부분이다.

널리 알려진 것처럼 소멸시효는 법적 안정성의 요청에 따라 일정한 기간이 지나면 법적으로 더 이상 다툴 수 없게 하는 제도다. 한일 과거청산에서 문제가 되는 사안들은 지금으로서는 70년에 가까운 오랜 시간이 경과한 것들이다. 따라서 소송기술상의 1차적 장벽은 다름 아니라 소멸시효다. 소멸시효는 일본의 소송에서도 가장 큰 장벽이었으며, 그 장벽을 넘기 위해 법률가들과 법학자들의 지난한 노력이 기울여졌다. 그래서 일본의 하급심 판결들에서는 소멸시효를 배척하는 판결이 나오기도 했지만 일본의 최고재판소에 의해 그러한 판결이 내려진 적은 없다.[51] 게다가 위에서 지적한 것처럼 한국의 1·2심

---

49) 부산지방법원 2007.2.2. 선고 2000가합7960 판결.
50) 부산고등법원 2009.2.3 선고 2007나4288 판결.
51) 이에 관한 상세한 분석은, 김창록(2007), 앞의 글 참조.

법원도 소멸시효를 이유로 원고 패소 판결을 내린 터다. 따라서 대법원 판결의 소멸시효 항변 배척 부분은 특별히 주목되는 것이다.

그러면 한국의 대법원이 그러한 판단을 한 이유는 무엇일까? 판결은 그 이유를 아래와 같이 제시하고 있다. "구 미쓰비시의 불법행위가 있은 후 1965년 6월 22일 한일 간의 국교가 수립될 때까지는 일본국과 대한민국 사이의 국교가 단절되어 있었고, 따라서 원고 등이 피고를 상대로 대한민국에서 판결을 받더라도 이를 집행할 수 없었던 사실, 1965년 한일 간에 국교가 정상화되었으나, 한일 청구권협정 관련 문서가 모두 공개되지 않은 상황에서 청구권협정 제2조 및 그 합의의사록의 규정과 관련하여 청구권협정으로 대한민국 국민의 일본국 또는 일본 국민에 대한 개인청구권이 포괄적으로 해결된 것이라는 견해가 대한민국 내에서 일반적으로 받아들여져 온 사실, 일본에서는 청구권협정의 후속조치로 재산권조치법을 제정하여 원고 등의 청구권을 일본 국내적으로 소멸시키는 조치를 취하였고 원고 등이 제기한 일본 소송에서 청구권협정과 재산권조치법이 원고 등의 청구를 기각하는 부가적인 근거로 명시되기도 한 사실, 그런데 원고 등의 개인청구권, 그중에서도 특히 일본의 국가권력이 관여한 반인도적 불법행위나 식민지배와 직결된 불법행위로 인한 손해배상청구권은 청구권협정으로 소멸하지 않았다는 견해가 원고 등이 1995년 12월 11일 일본 소송을 제기하고 2000년 5월 1일 한국에서 이 사건 소를 제기하면서 서서히 부각되었고, 마침내 2005년 1월 한국에서 한일 청구권협정 관련 문서가 공개된 뒤, 2005년 8월 26일 일본의 국가권력이 관여한 반인도적 불법행위나 식민지배와 직결된 불법행위로 인한 손해배상청구권은 청구권협정에 의하여 해결된 것으로 볼 수 없다는 민관공동위원회의 공식적 견해가 표명된 사실"에 비추어 "적어도 원고 등이 이 사건 소를 제기할 시점인 2000년 5월 1일까지는 원고 등이 대한민국에서 객관적으로 권리를 사실상 행사할 수 없는 장애사유가 있었다"는 것이다.

대법원의 이러한 적극적인 해석은 원고인 피해자들의 피해의 엄중성에도 기인하는 것이겠지만 무엇보다 한국 국내의 과거청산 소송을 통해 '과거의 피해자'들에게 정의를 회복시켜 주고자 하는 끊임없는 노력들이 있었고, 한국의 법원이 그 노력에 응답해 온 역사가 있었다는 사실에 기인하는 것이라고 보아야 할 것이다.[52] 다시 말해, 대법원의 이번 판결은 한국 국내 과거청산을 위한 법적 노력들의 축적이 이루어낸 성과라고 보아야 하는 것이다.

대법원의 판결이 '역사의 축적'의 산물임은 위의 이유 그 자체에서도 확인된다. "원고 등의 …… 손해배상청구권은 청구권협정으로 소멸하지 않았다는 견해가 원고 등이 1995년 12월 11일 일본 소송을 제기하고 2000년 5월 1일 한국에서 이 사건 소를 제기하면서 서서히 부각되었고, 마침내 2005년 1월 한국에서 한일 청구권협정 관련 문서가 공개된 뒤, 2005년 8월 26일 일본의 국가권력이 관여한 반인도적 불법행위나 식민지배와 직결된 불법행위로 인한 손해배상청구권은 청구권협정에 의하여 해결된 것으로 볼 수 없다는 민관공동위원회의 공식적 견해가 표명된 사실"을 들고 있는 것이 그것이다. 요컨대, '식민지 지배' 추급을 위한 1990년대 이래의 지난한 노력이 소멸시효의 항변을 배척한 것에 다름 아닌 것이다.

3. '청구권협정'에 의한 해결 항변 배척

다음으로 주목되는 것은 대법원 판결이 '청구권협정'에도 불구하고 강제

---

[52] 이에 관해서는, 김창록(2004), 「과거청산과 시효」, 『공익과 인권』 1-1(서울대학교 BK21 법학연구단 공익인권법연구센터) 참조.

징용 문제를 포함한 '식민지책임 일반'이 해결되지 않았다고 선언한 부분이다.

판결은 우선 "청구권협정은 일본의 식민지배 배상을 청구하기 위한 협상이 아니라 샌프란시스코 조약 제4조에 근거하여 한일 양국 간의 재정적·민사적 채권·채무관계를 정치적 합의에 따라서 해결하기 위한 것으로서, 청구권협정 제1조에 의해 일본 정부가 대한민국 정부에 지급한 경제협력자금은 제2조에 의한 권리문제의 해결과 법적 대가관계가 있다고 보이지 않는다"고 밝혀 2005년 민관공동위원회 결정의 기본선을 다시 한 번 확인했다.

나아가 판결은 "청구권협정의 협상과정에서 일본 정부는 식민지배의 불법성을 인정하지 않은 채, 강제동원피해의 법적 배상을 원천적으로 부인하였고, 이에 따라 한일 양국의 정부는 일제의 한반도 지배의 성격에 관하여 합의에 이르지 못하였는데, 이러한 상황에서 일본의 국가권력이 관여한 반인도적 불법행위나 식민지배와 직결된 불법행위로 인한 손해배상청구권이 청구권협정의 적용대상에 포함되었다고 보기는 어렵다"고 밝히고, 결론적으로, "원고 등의 손해배상청구권에 대하여는 청구권협정으로 개인청구권이 소멸하지 아니하였음은 물론이고, 대한민국의 외교적 보호권도 포기되지 아니하였다고 봄이 상당하다"라고 선언했다.

이것은 분명 2005년 결정을 뛰어넘은 것이다. 2005년 결정에서 한국 정부가 "일본 정부의 법적 책임이 남아 있다"고 규정한 것은 어디까지나 "일본군위안부 문제 등 일본 정부·군 등 국가권력이 관여한 반인도적 불법행위"였다. 강제동원에 관해서는 "'고통받은 역사적 피해사실'에 근거하여 정치적 차원에서 보상을 요구하였으며, 이러한 요구가 양국 간 무상자금산정에 반영되었다", "무상 3억 불은 …… 강제동원 피해보상 문제 해결 성격의 자금 등이 포괄적으로 감안되어 있다고 보아야 할 것"이라고 하여, 오히려 소극적인 해석이 가능할 수도 있는 여지를 남겨 놓았었다.

그에 대해 대법원 판결은 "일본의 국가권력이 관여한 반인도적 불법행위"는 물론이고 "식민지배와 직결된 불법행위"로 인한 청구권도 소멸되지 않았다고 확인하고, 나아가 그에 대한 "대한민국의 외교적 보호권도 포기되지 아니하였다"라고 밝혔다. 이러한 '확산'이 가지는 의미는 심대하다. 그것은 곧 '식민지책임 일반에 관한 청구권'이 소멸되지 않았고, 그에 대한 외교보호권도 소멸되지 않았다는 의미에 다름 아니다. 그렇다면 당연히 피해자는 그 청구권을 지금 행사할 수 있는 것이며, 대한민국 정부는 그 청구권의 실현을 위해 외교보호권을 행사하지 않으면 안 되는 것이다.

다만, 판결은 위의 인용 부분에 바로 이어지는 곳에서 "원고 등의 청구권이 청구권협정의 적용대상에 포함된다고 하더라도 그 개인청구권 자체는 청구권협정만으로 당연히 소멸한다고 볼 수는 없고, 다만 청구권협정으로 그 청구권에 관한 대한민국의 외교적 보호권이 포기됨으로써 일본의 국내 조치로 해당 청구권이 일본국 내에서 소멸하더라도 대한민국이 이를 외교적으로 보호할 수단을 상실하게 될 뿐이다"라고 적고 있다.

이 부분의 의미는 일차적으로는 국내 법원에서의 청구권 실현의 가능성을 확인한 것이다. 설령 '청구권협정'에 따라 원고들의 청구권에 관한 대한민국의 외교보호권이 소멸되었다고 하더라도 청구권 그 자체는 소멸된 것이 아니므로 한국 법원에 그 실현을 청구하는 것은 가능하며, 한국 법원은 그 실현을 선언해야 한다는 취지로 이해된다.

하지만 판결의 이 부분은 '청구권협정'에 따라 "식민지배와 직결된 불법행위"에 대한 대한민국의 외교보호권의 소멸 여부에 관한 논란의 여지를 남긴 것으로도 읽힐 수 있다. 이것은 현재의 시점에서의 대한민국 정부의 외교보호권 행사의 범위와 관련된 매우 중요한 문제다.

이에 대해 필자는 우선 "청구권협정은 일본의 식민지배 배상을 청구하기 위한 협상이 아니"며, "청구권협정의 협상과정에서 일본 정부는 식민지배의 불법성을 인정하지 않"았고, 따라서 "일본의 국가권력이 관여한 반인도적 불법행위나 식민지배와 직결된 불법행위로 인한 손해배상청구권이 청구권협정의 적용대상에 포함되었다고 보기는 어렵다"라는 문제의 출발점으로 되돌아가서 생각하는 것이 필요하다고 생각한다. 그 경우 "식민지배와 직결된 불법행위"에 대한 대한민국의 외교보호권의 소멸을 인정하는 것 자체가 불가능할 것이다. 나아가 아래 항목의 설명을 더하게 되면 그것은 더욱 어렵게 된다고 보아야 할 것이다.

4. '식민지책임'의 전면적 확인

무엇보다 주목되는 것은 대법원 판결이 일제 강점의 불법성 = '식민지책임'을 전면적으로 확인하고 있다는 점이다. 그 확인은 일본 재판소의 판결을 승인할 수 없다는 판단의 이유 부분에서 제시되어 있다.

즉 판결은 "일본 판결의 이유에는 일본의 한반도와 한국인에 대한 식민지배가 합법적이라는 규범적 인식을 전제로 하여, 일제의 국가총동원법과 국민징용령을 한반도와 원고 등에게 적용하는 것이 유효하다고 평가한 부분이 포함되어 있"는데, "'대한민국 제헌헌법은 그 전문(前文)에서 '유구한 역사와 전통에 빛나는 우리들 대한국민은 기미삼일운동으로 대한민국을 건립하여 세상에 선포한 위대한 독립정신을 계승하여 이제 민주독립국가를 재건함에 있어서'라고 하고, 부칙 제100조에서는 '현행법령은 이 헌법에 저촉되지 아니하는 한 효력을 가진다'고 …… 규정하였다. 또한, 현행헌법도 그 전문에 '유구한 역사와 전통에 빛나는 우리 대한국민은 3·1운동으로 건립된 대한민국임시정부의 법통과 불의에 항거한 4·19 민주이념을 계승하고'라고 규정하고 있다. 이러한 대한민국 헌법의 규정에 비추어 볼 때, 일제강점기 일본의 한반도 지배는 규범적인 관점에서 불법적인 강점(强占)에 지나지 않고, 일본의 불법적인 지배로 인한 법률관계 중 대한민국의 헌법정신과 양립할 수 없는 것은 그 효력이 배제된다고 보아야 한다. 그렇다면 일본 판결 이유는 일제강점기의 강제동원 자체를 불법이라고 보고 있는 대한민국 헌법의 핵심적 가치와 정면으로 충돌하는 것이므로 이러한 판결 이유가 담긴 일본 판결을 그대로 승인하는 결과는 그 자체로 대한민국의 선량한 풍속이나 그 밖의 사회질서에 위반되는 것임이 분명하다. 따라서 우리나라에서 일본 판결을 승인하여 그 효력을 인정할 수는 없다"라고 선언하고 있다.

판결의 이 부분은 일본 재판소 판결의 승인 여부를 훨씬 뛰어넘는 의미를 가진다. 그것은 일제강점기와 광복 이후의 법적 단절을 명확하게 선언한 획기적인 판단이다.

파란만장한 근현대사의 굴곡 속에서 일제강점기의 법령은 미군정기를 거치면서도 대부분 연속되었고, 대한민국 정부 수립 이후에도 또한 그러했다. 1948년 헌법 제100조[53]가 분명히 "현행법령은 이 헌법에 저촉되지 아니하는 한 효력을 가진다"라고 선언하여, 대한민국 헌법에 저촉되는 일체의 일제강점기 법령과 미군정기 법령의 효력이 부정되게 되어 있었지만, 엄혹한 상황이 이어지는 가운데 그것은 그 과거 법령들의 효력을 정당화하는 근거로 역이용된 것이 역사적 현실이었다. 그것은 말하자면 애매한 과거청산을 정당화하는 '법적 핑계의 원천'이 되어 왔다. 그 결과 대한민국의 역사 속에서 일제강점기

---

53) 1948년 헌법 제100조에 대한 분석은, 김창록(1998), 「1948년 헌법 제100조-4·3계엄령을 통해 본 일제법령의 효력」, 『법학연구』(부산대학교) 39-1 참조. 다만, 위의 글 중 III-4 부분은 잘못된 기술이므로 폐기되어야 한다.

는 '선언적인 단절'과 '법적·현실적인 연속'의 괴리[54] 속에 애매하게 자리매김되어 왔다.

그런데 대법원의 이번 판결은 바로 그 애매성의 고리를 잘랐다. "일제강점기 일본의 한반도 지배는 규범적인 관점에서 불법적인 강점(强占)에 지나지 않고, 일본의 불법적인 지배로 인한 법률관계 중 대한민국의 헌법정신과 양립할 수 없는 것은 그 효력이 배제된다고 보아야 한다"라고 명확하게 선언했다. 일제의 한반도 지배가 '불법적인 강점'임을 법적으로 확인했다.[55] 그 연장선상에서 "불법적인 지배로 인한 법률관계 중 대한민국의 헌법정신과 양립할 수 없는 것은 그 효력이 배제된다"라고 선언했다. 이것은 강점기 동안 일제가 만든 법령과 그 법령에 근거한 일체의 법률관계는 "대한민국의 헌법정신과 양립"할 수 없는 한 모두 무효라는 선언에 다름 아니다. 일제가 그 법령에 따라 독립지사를 체포, 감금, 처벌한 것은 모두 무효다. 한반도의 인민을 징용, 징병으로 끌고 간 것을 포함하여, 한반도 인민에게 피해를 가한 일체의 행위는 모두 불법행위인 것이다.

그런데 일본은 1965년에는 물론이고, 지금 현재까지도 "식민지배의 불법성을 인정하지 않"고 있으며, 따라서 당연히 1965년에 '식민지책임'은 전혀 해결된 적이 없다. 그러므로, "식민지배와 직결된 불법행위"에 대한 대한민국의 외교보호권은 결코 소멸된 적이 없으며, 대한민국 정부는 그 외교보호권을 행사하여 자국민의 청구권 실현에 나서지 않으면 안 되는 것이다.

---

54) 이에 관한 상세한 분석은, 김창록(2010), 「1910년 한일조약에 대한 법사학적 재검토」, 『동북아역사논총』 29 참조.
55) 이에 관해서는, 김창록(2002), 「제령에 관한 연구」, 『법사학연구』 26 참조.

IV. 맺음말

일제의 강점이 끝난 지 70년 가까운 세월이 지나서 마침내 '식민지책임'의 전면적인 추급을 위한 확고한 법적 토대가 마련되었다. 역사의 뒤안으로 사라질 것처럼 보였던 한일 간 '식민지책임' 추급은 이제 새로운 출발선상에 서게 되었다.

대법원의 결단에 경의를 표한다. 무엇보다 그 70년 가까운 세월 동안 '식민지책임' 추급을 위해 각고의 노력을 기울여 온 피해자들과 그들의 아픔에 공감하여 '정의'를 향한 신념 하나로 결코 포기하지 않고 매진해온 한국과 일본, 나아가 전 세계의 시민들, 법률가들, 학자들 한 분 한 분의 열정에 대해 마음으로부터 경의를 표한다.

글을 맺기 전에 그 노력과 열정의 맨 앞에 일본군'위안부' 피해자들이 서 있었다는 사실을 다시 한 번 확인하고자 한다. 그들이 1990년대의 '소송사태'에 불을 붙였다. 미국의 법정을 흔들었고, 한국 정부로 하여금 일본의 "법적 책임"이 남아 있다는 결정을 하도록 했고, 한국 헌법재판소로 하여금 정부의 부작위가 위헌이라는 결정을 내리지 않을 수 없게 했다. 이번 대법원 판결은 바로 그 역사의 토대 위에 비로소 가능했던 것이다.

이번 대법원 판결은 일본군'위안부' 문제와 관련된 책임 추급에도 결코 적지 않은 힘을 실어주는 것이다. 일본군'위안부' 피해는 분명 "반인도적 불법행위"에 기인한 것으로서 엄하게 규탄되어야 마땅하다. 하지만, '식민지책임'이라는 논점을 돌파할 수 없었다는 것이 그 책임의 법적 구성을 어렵게 한 측면이 분명히 있었다. 그런데 이제 한국의 대법원이 '식민지책임 일반'이 법적으로 추급할 수 있는 것이라고 선언했다. 일본군'위안부' 강요야말로 '식민지 범죄'의 전형이다. 따라서 일본군 '위안부'에 관한 책임은 더욱 강하게 추급할 수 있게 된 것이다.

그만큼 그 가능성을 살리는 노력을 기울이지 않으면 안 될 것이다. 피해자들에게 남은 시간이 결코 길지 않기 때문이다.

• 참고문헌

국무조정실(2005. 8. 26), 「보도자료 한일회담 문서공개 후속대책 관련 민관공동위원회 개최」.
김명기(1993), 『정신대와 국제법』, 법지사.
김창록(1998), 「1948년 헌법 제100조-4·3계엄령을 통해 본 일제법령의 효력」, 『법학연구』 39-1, 부산대학교.
김창록(1998), 「일본군 '위안부' 문제의 법적 해결을 위한 하나의 모색 – 시모노세키 판결을 중심으로」, 『인권과 정의』 167.
김창록(1999), 「한일관계와 과거청산 – 한일 '신파트너십'을 실마리로」, 『국제지역문제연구』 17-1, 부산대학교.
김창록(2002), 「제령에 관한 연구」, 『법사학연구』 26.
김창록(2004), 「과거청산과 시효」, 『공익과 인권』 1-1(서울대학교 BK21 법학연구단 공익인권법연구센터).
김창록(2004), 「한일간 과거청산에 있어서의 국가의 논리와 개인의 권리」, 『법사학연구』 30.
김창록(2007), 「일본에서의 대일과거청산소송 – 한국인들에 의한 소송을 중심으로」, 『법사학연구』 35.
김창록(2009), 「일본군 '위안부' 헌법소원」, 『법학논고』 31, 경북대학교.
김창록(2010), 「1910년 한일조약에 대한 법사학적 재검토」, 『동북아역사논총』 29.
김창록(2010), 「일본군 '위안부' 문제에 관한 법적 검토 再考」, 『법제연구』 39.
김창록·이승욱(2003), 『일본군 '위안부' 문제에 관한 국제사회의 동향』(여성부 연구보고서).
도츠카 에츠로, 박홍규 역(2001), 『위안부가 아니라 성노예이다』, 소나무.
박재영·김영란(2009), 「독일의 과거극복, 어디까지 왔나?」, 『동학연구』 26.
송충기(2005), 「독일의 뒤늦은 과거청산 – 나치하 외국인 강제노역자에 대한 보상을 중심으로」, 『역사비평』 73.
양현아(2009), 「2000년법정을 통해 본 피해자 증언과 법 언어의 만남」, 김부자 외

10, 『한일간 역사현안의 국제법적 재조명』, 동북아역사재단.

정진성(2004), 『일본군 성노예제 – 일본군위안부문제의 실상과 그 해결을 위한 운동』, 서울대학교출판부.

조시현(2009), 「2000년 일본군 성노예전범 여성국제법정과 일본군 '위안부' 문제에 대한 새로운 이해의 가능성」, 김부자 외 10, 『한일간 역사현안의 국제법적 재조명』, 동북아역사재단.

청구인(이용수 외 108명)(2006. 7), 「헌법소원심판청구서」.

최태현(2009), 「미국에서의 일본군 위안부 관련 소송 연구」, 김부자 외 10, 『한일간 역사현안의 국제법적 재조명』, 동북아역사재단.

피청구인(외교통상부장관)(2009. 3. 5), 「변론요지서」.

한국정신대문제대책협의회(2001), 『2000년 일본군성노예전범 여성국제법정 보고서』, 한국정신대문제대책협의회.

한우성(2000), 「끝나지 않은 전쟁 – 미국에서 진행중인 '일본군위안부' 및 징용 소송에 대한 보고서」, 『당대비평』 13.

대법원 2012.5.24. 선고 2009다22549 판결.

대법원 2012.5.24. 선고 2009다68620 판결.

부산고등법원 2009.2.3 선고 2007나4288 판결.

부산지방법원 2007.2.2. 선고 2000가합7960 판결.

하시모토 수상의 편지 전문(http://www.awf.or.jp/6/statement-12.html).

한국정신대문제대책협의회 홈페이지(http://www.womenandwar.net/menu_01.php), 2010. 10. 20.

2006헌마788 「대한민국과 일본국간의 재산 및 청구권에 관한 문제의 해결과 경제협력에 관한 협정」 제3조 부작위 위헌 확인 사건.

金昌祿(2002), 「日本軍「慰安婦」訴訟と日本の裁判所の課題」, 池明觀 他3 編著, 『日韓の相互理解と戰後補償』, 日本評論社.

吉見義明(1995), 『從軍慰安婦』, 岩波書店.

大沼保昭・下村滿子・和田春樹(1998), 『「慰安婦」問題とアジア女性基金』, 東信堂.

松本克美(2002), 「戰後補償訴訟の新展開」, 『立命館法學』 283.

申惠丰 他2(2005), 『戰後補償と國際人道法-個人の請求權をめぐって』, 明石書店.
日本參議院(1991. 8. 27), 『豫算委員會會議錄第三號』.
日本參議院(1990. 6. 6), 『豫算委員會會議錄第一九號』.
戶塚悅朗(2008), 『日本が知らない戰爭責任—日本軍「慰安婦」問題の眞の解決へ向けて』, 現代人文社.
VAWW-NET Japan 編(2002), 『女性國際戰犯法廷の全記錄』Ⅰ・Ⅱ, 凱風出版.
『法學セミナー』472, 1994.
『法學セミナー』478, 1994.
『法學セミナー』480, 1994.
廣島高裁 平成10年(ネ)278號等, 2001.3.29.
山口地裁下關支部 平成4年(ワ)349號等, 1998.4.27.
最高裁 平成15年(オ)1895號, 2004.11.29.
'平成11年(ネ)第206號 損害賠償請求控訴事件 第12準備書面', 2003. 9. 19.
'아시아 여성기금' 홈페이지(http://www.awf.or.jp/).
'慰安婦關係調査結果發表に關する河野內閣官房長官談話', 1993. 8. 4 (http://www.mofa.go.jp/mofaj/ area/taisen/kono.html).
'日韓共同宣言—21世紀に向けた新たな日韓パートナーシップ', 1998. 10. 8 (http://www.mofa.go.jp/ mofaj/kaidan/yojin/arc_98/k_sengen.html).

Meade, Christopher P.(2002), "From Shanghai to Globocourt: An Analysis of the 'Comfort Women's' Defeat in Hwang v. Japan," 35 *Vanderbilt Journal of Transnational Law*.
Jennifer Kwon(2005), "The Comfort Women Litigation and the San Francisco Treaty: Adopting a Different Principle of Treaty Interpretation," 73 *George Washington Law Review*.
Hwang Geum Joo v. Japan, 172 F.Supp.2d 52 (D.D.C.,2001).
Hwang Geum Joo v. Japan, 332 F.3d 679 (C.A.D.C.,2003).
Hwang Geum Joo v. Japan, 413 F.3d 45 (C.A.D.C.,2005).
Hwang Geum Joo v. Japan, 546 U.S. 1208, 126 S.Ct. 1418 (U.S.,2006).

UN Doc. E/CN. 4/1996/53/Add. 1.
UN Doc. E/CN.4/Sub.2/1998/13/Add. 1.
http://www.leginfo.ca.gov/pub/99-00/bill/sen/sb_1201-1250/sb_1245_
  bill_19990728_ chaptered.html.

영토문제와 '식민지'책임의 관점에서 본 독도

부산대학교 법학전문대학원 교수 **박배근**

영토문제와 '식민지' 책임의 관점에서 본 독도*

부산대학교 법학전문대학원 교수 **박배근**

I. 머리말

이 글은 이른바 영토문제와 '식민지' 책임의 관련성이라는 일반적인 틀 속에서 독도 문제를 이해하고자 시도하는 것이다. 그러므로 우선 해명되어야 할 문제는 이른바 '식민지' 책임과 영토문제의 관련성이다. 다시 말해 '식민지' 지배는 영토문제를 남기는가, 만약 '식민지' 지배가 영토문제를 남긴다고 한다면 문제의 내용과 유형은 어떠한가, '식민지' 지배가 남긴 영토문제에 관하여 '식민지' 지배국은 어떠한 책임을 지는가 하는 문제다. 이러한 해명을 전제로 하여 독도 문제는 일본의 '식민지' 지배가 남긴 문제에 해당하는지를 검토하고, 독도 문제에 관하여 일본에 '식민지' 책임을 지울 수 있는지를 살펴보려고 한다.

---

* 본 논문은 2012년 6월 22일 동북아역사재단이 주최한 '한일협정체제와 '식민지' 책임의 재조명 국제학술회의'에서 발표한 논문의 수정본임.

이 글은 국제법적인 관점에서 이런 모든 문제에 접근하려는 것이다. 따라서 '식민지' 책임이라는 개념의 법적 의미를 밝히는 것을 출발점으로 삼을 수밖에 없다. '식민지' 개념의 법적 의미를 밝히는 것은 다시 '식민지'라는 개념의 법적 의미에 관한 해명을 요구한다. '식민지'라는 말이 역사학·정치학 등의 학문 분야에서는 물론이고, 법학에서도 일반적으로 사용되고 있지만 그 정확한 의미는 불명확한 점이 많기 때문이다.

II. '식민지' 책임

1. '식민지'의 개념

'식민지'는 학문의 세계에서도, 일상생활에서도 널리 쓰이는 말이다. 그러나 그 의미는 반드시 명확하지 않고, 경우에 따라 여러 가지 의미로 쓰이고 있는 것으로 보인다. 예컨대 '식민지'의 사전적 의미는 "정치적·경제적으로 다른 나라에 예속되어 국가로서의 주권을 상실한 나라"로 설명된다.[1] '식민지'에 해당하는 영어 단어 'colony'도 ① "모국과의 결연을 유지하면서 신영토에서 살고 있는 일단의 사람(a body of people living in a new territory but retaining ties with the parent state)" 또는 ② "그러한 일단의 사람들이 거주하는 영토(the territory inhabited by such a body)"로 정의된다.[2] 이들 사전적 정의에 따르면 '식민지'는 기본적으로 '나라' 즉 '국가'이거나 '일단의 사람' 또는 그러한 사람이 '거주하

---

1) 국립국어원의 『표준국어대사전』. http://stdweb2.korean.go.kr/search/List_dic.jsp. 에서 열람하였음. 2012년 6월 6일 방문.
2) *New Collegiate Dictionary*(1973), Springfield: G. & C. Merriam Company, p. 222.

는 영토' 등의 여러 가지 의미로 쓰일 수 있다.

법학적으로는 '식민지'는 "동일한 국가에서 다른 인민들에게로 이주하였으며 모국에 대한 복종을 유지하는 다수의 시민들에 의하여 구성된 종속적인 정치적 공동체(A dependent political community, consisting of a number of citizens of the same country who have emigrated therefrom to people another, and remain subject to the mother country)" 또는 "정치적 결연과 경제적 결연을 수반하면서, 본국으로 알려진 다른 국가에 부속된 영토(Territory attached to another nation, known as the mother country, with political and economic ties)"로 정의되는 일이 있다.[3] 이러한 정의에 따르면 식민지는 '정치적 공동체' 또는 '영토'다.

국제법 분야에서도 '식민지'라는 말은 흔히 사용된다. 주지하다시피 국제연합총회는 1960년에 '식민지 독립부여선언(Declaration on the granting of independence to colonial countries and peoples)'을 채택하였으며[4] 1961년에는 이 선언의 적용을 검토하고, 선언 이행의 진전과 범위에 관한 제안과 권고를 하는 것을 임무로 하는[5] '특별위원회(Special Committee)'를 설립하는 결의를 채택한 바 있다.[6] 이후에도 국제연합은 '식민지독립부여선언의 완전한 이행을 위한 행동계획'에 관한 결의,[7] 1990~2000년을 '국제 식민주의의 근절 10년(the Interna-

---

[3] Henry Campbell Black(1979), *Black's Law Dictionary*, 5th ed., St. Paul: West Publishing Co., p. 240.
[4] 1960년 12월 14일, 국제연합총회 결의 1514(XV).
[5] 국제연합총회 결의 1651(XVI), 제4항.
[6] 1961년 11월 27일, 국제연합총회 결의 1651(XVI), "The situation with regard to the implementation of the Declaration on the granting of independence to colonial countries and peoples."
[7] 1980년 12월 11일, 국제연합총회 결의 35/118. 이 특별위원회는 현재 '탈식민지화 특별위원회(Special Committee on Decolonization)' 또는 C-24로 불린다. 위원회의 웹사이트는 http://www.un.org/en/decolonization이다 (2012년 6월 현재).

tional Decade for the Eradication of Colonialism)'으로 선포하는 결의,[8] 2001~2010년을 '제2차 국제 식민주의의 근절 10년(the Second International Decade for the Eradication of Colonialism)'으로 선포하는 결의,[9] 다시 2011~2020년을 '제3차 국제 식민주의의 근절 10년(the Third International Decade for the Eradication of Colonialism)'으로 선포하는 결의[10] 등을 채택하였다. 그러나 국제연합총회의 이들 여러 결의에서도 '식민지'에 대한 국제법적 정의는 찾아볼 수 없다.

국제법 사전에서는 "인구의 일부로서 식민지 이주민(colonist)이 주거를 정하고 정착한 영토"라는 '식민지'의 정의를 찾을 수 있다.[11] 이러한 정의는 '식민지'에 관한 통상적인 사전적 정의와 크게 다르지 않다.

국제연합총회 결의를 비롯하여 '식민지'와 관련된 내용을 담고 있는 많은 국제적 문서들이 비록 '식민지'에 대한 정의를 담고 있지 않다고 하더라도, 이들 문서를 통하여 국제법적 개념으로서의 '식민지'에 대한 정의를 탐구할 수는 있다. 이러한 작업을 위하여 가장 중요한 문서가 1960년의 '식민지 독립부여선언'이라는 점에는 이견이 없을 것이다. 이 선언을 통하여 보면, '식민지'는 "외국에 의한 정복, 지배 및 착취(alien subjugation, domination and exploitation) 하에 있는 인민과 그들이 거주하는 토지"로 정의할 수 있을 것이다.[12] 더 자세히 분석하면 식민지는 우선 '외국(alien)'이 정복, 지배하고 착취하는 인민과 그들의 거주지이다. 그러므로 인민 스스로의 자치적이고 자율적인 정부나 통치 조직이 존재하는 곳은 식민지가 아니다. 식민지 인민과 그 토지는 외국의 정복

---

8) 1988년 11월 22일, 국제연합총회 결의 43/47.
9) 2000년 12월 8일, 국제연합총회 결의 55/146.
10) 2010년 12월 10일, 국제연합총회 결의 65/119.
11) Felix Ermacora(1992), "Colonies and colonial Régime," in R. Bernhardt (ed.), *Encyclopedia of Public International law*, Volume I, p. 662.
12) 국제연합총회 결의 1514(XV), 제1항.

하에 있다. 이는 식민지에서의 외국의 통치가 식민지 인민의 의사에 반하는 것이라는 점을 의미한다. 외국의 식민지 통치는 착취를 내용으로 한다. 원래 순수한 원조를 목적으로 하는 정복과 지배는 생각할 수 없는 일이지만, 무엇보다도 식민지 인민에 대한 정복과 지배는 식민지 인민에 대한 착취를 목적과 내용으로 하는 것이다.

'식민지 독립부여선언'을 기초로 한 위와 같은 '식민지' 개념 이해에 따르면, 신탁통치지역 또는 비자치지역과 같은 명칭 여하를 불문하고 외국의 정복과 지배하에서 착취당하고 있는 인민이 거주하는 모든 지역은 식민지이다.

2. '식민지' 책임의 개념

'식민지책임'이란 단어의 통상적인 의미(ordinary meaning)에 따르면 "한 국가가 다른 인민과 지역을 식민지로서 지배 통치한 데 따르는 모든 책임"을 의미하는 것으로 이해할 수 있을 것이다.[13] 이 경우 '식민지책임'은 정치적·도덕적·법적 책임을 모두 포함하는 것으로 생각된다. 이런 통상적 의미의 '식민지책임'은 정착된 용어로 빈번히 사용되고 있지는 않은 것으로 보인다. 반면에, 나가하라 요코[永原陽子] 교수가 주도한 연구 "탈식민지화의 쌍방향적 역사과정에서의 '식민지책임'의 연구" 이래에 적어도 일본에서는 '식민지책임'이라는 말이 특별한 의미를 가지고, 전문적인 용어로서 사용되기 시작하였고 이제는 정착된 용어가 되어 가고 있는 듯하다.

이 연구는 "15세기 이후의 유럽 열강에 의한 비유럽 여러 지역에 대한 식민

---

13) 예컨대, Onuma Yasuaki(2002), "Japanese War Guilt and Postwar Responsibilities of Japan," *20 Berkeley Journal of International Law* 602에 쓰인 "responsibility for . . . colonial rule."

지 지배와 여러 지역의 탈식민지화 과정을 '책임'이라는 개념을 키워드로 하여 다시 이해하려는 것"[14)]으로 표현된다. 연구의 의도는 "식민지주의와 노예무역・노예제라는 '죄'와 '책임'을 묻는 움직임과, 그것을 둘러싼 논의를 '식민지책임'론이라고 이름붙이고, 그것이 현대사 속에서 가지는 의미를 묻고자" 하는 데 있다고 설명된다.[15)] 다시 말해 '식민지책임론'은 "식민지주의와 노예무역・노예제라는 '죄'와 '책임'을 묻는 움직임"에 대한 역사학자의 한 반응이라고 할 수 있으며, 그러한 국제적 움직임, 예컨대 2001년 8월 31일부터 9월 8일에 걸쳐 남아프리카공화국 더반에서 개최된 '인종주의, 인종차별, 외국인 배척과 관련 불관용에 반대하는 세계회의(World Conference against Racism, Racial discrimination, Xenophobia and Related Intolerance)'와 같은 것에 크게 영향을 받은 것이라고 할 수 있다. 그렇기 때문에 '식민지책임론'은 당연히 식민지 지배자들의 '범죄' 행위에 대한 '책임' 추궁에 초점을 맞춘 논의가 될 수밖에 없다.[16)] 또 기본적으로 역사학자와 철학자가 주도하는 논의이며, 법학 또는 국제법학적인 논의의 색채는 거의 없는 것으로 생각된다.

이러한 맥락에서, 나가하라 교수의 공동연구에도 참여하였던 시미즈 마사요시[淸水正義] 교수는 '식민지책임'을 "타국・타지역의 영토・영역을 침범하고, 자국영토화하고, 혹은 자국의 권익하에 두거나 내지는 자국의 경제적 세력권하에 편입시켜, 그에 의하여 식민지 주민에게 심대한 피해를 입힌 것에 대한 책임"으로 정의한다. 이러한 책임은 당연히 식민지 주민에 대한 폭력, 학

---

14) 淸水正義(2010),「「植民地責任」論をめぐって」,『白鷗法學』17권 1호, 1쪽.
15) 永原陽子 編(2008),『「植民地責任」論 脫植民地化의 比較史』, 靑木書店, 11쪽. 위 淸水正義 논문 2면에서 재인용.
16) 이 점에 관해서는 前川 一郎(2008),「歷史學としての「植民地責任」」,『創價大學人文論集』20권, 7쪽 이하 참조.

살, 약탈, 모욕, 강제노동징용, 노예화와 같은 식민지 범죄에 대한 책임을 포함하는 것이며,[17] 주된 관심의 대상도 이러한 잔학행위와 인도에 반하는 범죄행위들이다.

III. '식민지' 지배와 영토문제

식민지 지배는 그것이 종결되더라도 영토문제를 남기는 일이 많다. 그런 사례는 얼마든지 있다. 국제사법재판소에서 다루어진 문제만 하더라도 1961년의 프레아 비헤어(Preah Vihear) 사원 사건(Cambodia v. Thailand), 1963년의 북부 카메룬 사건(Cameroon v. United Kingdom), 1986년의 국경분쟁 사건(te (Burkina Faso/Republic of Mali), 1992년의 육지·섬 및 해양국경분쟁 사건(El Salvador/Honduras: Nicaragua intervening), 1994년의 영토분쟁 사건(Libyan Arab Jamahiriya/Chad), 1999년의 카시킬리/세두두(Kasikili/Sedudu) 섬 사건(Botswana/Namibia), 2001년 카타르 바레인 간 해양경계획정과 영토문제 사건(Qatar v. Bahrain), 2001년 풀라우 리기탄과 풀라우 시파단(Pulau Ligitan and Pulau Sipadan)에 대한 주권 사건(Indonesia/Malaysia), 2002년 카메룬·나이지리아 간 육지 및 해양 경계 사건(Cameroon v. Nigeria: Equatorial Guinea intervening), 2005년 국경분쟁 사건(Benin/Niger), 2007년의 니카라과·온두라스 간 캐러비언해에서의 영토 해양 분쟁 사건(Nicaragua v. Honduras)과 2008년의 페드라 브랑카/풀라우 바투 푸테, 미들 락

---

17) 淸水正義(2010), 「戰爭責任と植民地責任もしくは戰爭犯罪と植民地犯罪」, 永原陽子 編, 앞의 책(주 15) 所收, 54쪽. 浜忠雄(2011), 「ハイチ史における植民地責任:「アメリカによる軍事占領」をとおして」, 『北海學園大學學園論集』 제147호, 143쪽에서 재인용.

스와 사우스 레지(Pedra Branca/Pulau Batu Puteh, Middle Rocks and South Ledge)에 대한 주권 사건(Malaysia/Singapore) 등 실로 열거하기 어려울 정도로 많다. 현재도 푸르키나 파소와 니제르 간에는 국경분쟁 사건이 국제사법재판소에 계쟁 중이다.

이들 사건의 대부분은 식민지에서 독립한 국가들 간의 영토·국경 분쟁이다. 주지하는 바와 같이 식민지 본국은 식민지 지역의 민족적·인종적·문화적·경제적인 통합성이나 경계를 고려함이 없이 자신의 편의에 따라 식민지 지역의 경계를 정하고 식민지 통치를 시행한다. 그 결과 식민지에서 독립한 국가들 사이에서는 민족과 인종의 특성과 통합성, 역사적인 지역적 통일성 등에 따라 국경을 조정할 필요가 발생하는 경우가 대부분이다. 또 동일한 식민지 본국의 통치하에 있던 지역이 서로 다른 국가로 독립하는 경우에는 식민지 행정당국의 관할구역을 배분하는 과정에서 야기되는 불명확성 때문에 흔히 영토분쟁이나 국경분쟁이 발생한다. 따라서 아프리카나 남아메리카의 영토분쟁은 어떤 의미에서는 식민지 지배의 필연적인 유산이다.

식민지 지배의 결과로 영토문제가 발생하였다고 하더라도, 문제 발생에 대한 구식민지 본국의 책임을 추궁하는 사례는 보이지 않는다. 이미 주권독립국가가 된 구식민지 지역이, 비록 구식민지 본국이 남긴 문제라고 하더라도, 문제의 해결을 다시 구식민지 본국에게 요청할 수 없다는 것은 너무도 당연하다. 따라서 식민지에서 독립한 국가들 스스로가 문제의 해결에 나서고 있으며, 굳이 영토문제가 남은 것에 관하여 식민지 독립국이 구식민지 본국의 책임을 추궁하는 주장이나 논리는 찾기 어렵다. 영토문제와 국경문제를 남긴 것을 구식민지 본국의 '책임'으로 돌릴 수 없는 것은 아니겠지만, 현실적으로 그러한 책임의 논리는 보이지 않는다.

IV. 독도 문제와 일본의 '식민지' 책임

1. 영토문제로서의 독도 문제

　독도 문제는 말할 것도 없이 독도 영유권을 둘러싼 한일 간 문제이며 전형적인 영토문제이다. 그러나 식민지 지배로부터 야기된 '전형적'인 영토문제에 해당되지는 않는다. 제3국이 한국과 일본을 모두 '식민지' 지배하고, 이후에 한국과 일본이 모두 독립하는 과정에서 독도의 영유 귀속문제가 발생하였다면 그것은 전형적으로 '식민지' 지배가 남긴 영토문제에 해당할 것이다. 그러나 독도는 이미 1693년에 발단한 안용복 사건에서부터 한일 양국 사이에서 영유의 귀속이 문제된 바 있으며, 1906년에 울릉도를 방문한 진자이 요시타로[神西由太郎] 일행이 울릉군수 심흥택에게 일본의 독도 편입 사실을 알린 때에도 문제가 된 바 있다.

　주지하는 바와 같이 안용복은 1695년에 두 번째로 일본에 건너가 독도가 조선의 판도에 속한다고 주장하였다. 일본 측 기록[18])에 따르면 안용복은 독도가 표시된 지도를 소지하고 가서 일본 측에 그것을 제시한 것으로 되어 있다. 또 조선의 비변사 조사 기록에는 안용복이 일본인 어부에게 "송도는 자산도(子山島)로서, 그것도 우리나라 땅인데 너희들이 감히 거기에 사는가?"라고 말하고 일본에 건너가서는 "근년에 내가 이곳에 들어와서 울릉도·자산도 등을 조선(朝鮮)의 지경으로 정하고, 관백(關白)의 서계(書契)까지 있는데, 이 나라에서는 정식(定式)이 없어서 이제 또 우리 지경을 침범하였으니, 이것이 무슨 도리인

---

18) 元祿九年(丙子)朝鮮舟着岸一卷之覺書.

가?"라고 따진 것으로 되어 있다.[19]

　1906년 3월 28일에 울릉도에 상륙한, 시마네현 사무관(제3부장) 진자이를 책임자로 한 45명의 조사단이 울릉군수 심흥택에게 일본의 독도 편입 사실을 알렸을 때, 심흥택은 강원도 관찰사에게 "본군 소속 독도가 외양(外洋) 100여 리 외에 있습니다만"이라고 하는 내용이 포함되어 있으며 진자이 일행이 독도가 일본의 영지가 되었다고 말한 사실, 그들의 조사 사항 등을 보고하는 보고서를 올렸다. 이 보고서는 강원도관찰사서리 이명래의 손을 거쳐 1906년 5월 7일자 접수 제325호로 의정부 외사국(外事局)에 접수되었으며[20] 대한제국의 의정부 참정대신은 이러한 보고에 접하여 5월 20일자 지령 제3호로 "보고에 대하여는 남김없이 조사한 바 독도를 (일본의) 영토라고 하는 것은 전혀 근거가 없는 것이니 그 섬의 형편과 일본인이 어떻게 행동하는지를 다시 조사하여 보고할 것"을 지시하였다.[21] 또 내부대신도 "독도을 칭하여 일본 속지라고 하는 것은 이치에 전혀 닿지 않는 것이니 이번의 보도가 심히 괴이한 것"이라고 하는 지령을 한 것으로 보도되었다.[22]

　이러한 사실에 비추어, 독도 문제가 한국의 독립 이후에 본격적으로 제기된 영토문제이기는 하지만, 식민지 지배의 결과로 야기된 영토문제로 보기는 어렵다.

---

19) 『조선왕조실록』 숙종 30권, 22년(1696 병자 / 청 강희(康熙) 35년) 9월 25일(무인)
20) 議政府外事局, 「各觀察道案」1, 서울대학교 규장각 소장; 송병기(2007), 『재정판 울릉도와 독도』, 서울: 단국대학교출판부, 240쪽.
21) "來報는 閱悉이고 獨島 領地之說은 全屬無根하니 該島 形便과 日人 如何 行動을 更爲 査報 할 事"; 송병기(2007), 위의 책, 240쪽.
22) 1906년 5월 1일자(207호) 《대한매일신보》 잡보란.

2. 일본의 '식민지' 책임과 독도 문제

위에서 '식민지책임'이라는 말이 지니는 일반적인 의미와, 식민지 인민에 대한 잔혹한 행위, 특히 노예제와 인종 차별과 같은 행위에 대한 책임이라는 더 좁은 의미에 대하여 살펴본 바 있다. 나가하라 교수의 연구에서 발단된 후자의 의미의 '식민지책임'을 독도 문제와 연관시키기 어렵다는 것은 많은 설명을 요하지 않으리라고 본다. 또 '식민지책임'을 더 넓은 일반적인 의미로 이해하더라도, 다시 말해 "한 국가가 다른 인민과 지역을 식민지로서 지배 통치한 데 따르는 모든 책임"을 의미하는 것으로 독도 문제와 식민지책임은 직접적인 관련성을 가지는 것으로 보이지는 않는다.

독도 문제에 관하여 직접적으로 일본의 식민지책임을 지울 수 없다고 해서, 독도 문제가 한국에 대한 일본의 식민지 지배와 전혀 무관한 것이라고 할 수는 없다. 독도는, 일본이 한국을 병탄하여 식민지로 지배하고자 하는 전체적 계획 아래에서 러일전쟁을 개전하고 한반도를 군사용지로 징발하였을 뿐만 아니라 함경도의 일본군 점령 지역에서 무단으로 군정을 실시하는 등의 침략 정책 수행과정에서 러시아 해군 감시의 필요성에 촉발되어 일본 영토로 편입하는 조치를 취한 대상이기 때문이다.[23] 일본의 독도 편입조치가 무주지 요건을 충족시키지 못하는 선점 행위로서 국제법적으로는 무효라고 하더라도, 그런 '무효'인 편입조치 자체가 한국에 대한 일본의 식민지 침략 과정에서 이루어진 것이라는 점을 생각하면, 일본으로서는 독도에 대한 영유권 주장을 포기하는 것이 한국에 대한 일본의 식민지 지배책임을 이행하는 하나의 길이

---

[23] 이러한 과정을 자세히 분석·설명한 책으로, 김병렬(2006), 『일본 군보의 독도침탈사』, 동북아의 평화를 위한 바른역사정립기획단.

될 수 있을지도 모른다.

　일본의 학자 중에도 이와 비슷한 관점을 가진 사람이 있다. 그 견해를 소개하는 것으로 이 글을 맺으려 한다. 다카사키 소지[高崎宗司] 쓰다주쿠[津田塾]대학 교수는 2005년에 개최된 '진정한 한일 우호관계를 위한 반성과 제언'이라는 이름의 국제회의[24]에서 발표한 글 속에서 본인은 독도가 "국제법적으로도 명백한 한국 영토라고는 생각하지 않으며 일본 영토로 증명되었다고도 생각하지 않는다"는 것을 전제하면서 다음과 같이 말하였다. 즉 "적어도 1905년에 일본이 취한 몇몇 조치는 부당한 것"이며 "미국이 독도 일본령설을 인정한 것도 부당하다"고 생각하며, "지금 다시 정치결단으로 독도를 한국에 인도하는 것이 좋다"고 생각한다는 것이다.

　식민지 지배가 초래한 과거의 짐을 내리고 진정한 한일 우호관계를 확립하기 위하여, 그리고 그것이 가져다줄 정치적·외교적 안정[25]과 더 긴밀한 경제적·사회적·문화적 협력 관계라는 커다란 이익을 위하여 독도에 대한 영유권 포기 정도의 비용을 일본은 치를 수 없는가? 이것이 일본에 대하여 던지는 질문이다. 한국에 대하여 던지는 질문은 이것이다. 일본이 '정치결단으로 독도를 한국에 인도'한다면 한국은 독도와 관련하여 일본에 어떠한 상응하는 양보를 할 수 있는가? 이러한 질문이 도대체 질문으로서의 현실적 의미를 가지는지 의문이 없지 않다. 그렇다고 하더라도 한번은 진지하게 이러한 질문을

---

[24] 2005년 6월 3일, 4일 양일 간 경기도 고양 한국국제전시장에서 서울대학교 한국문화연구소, 역사학회, 서울국제법연구원 공동 주최로 개최.

[25] 일본이 독도의 한국 영유를 승인하는 것은, 한중일 간 도서영유문제에서 현재의 실질 지배를 인정한다고 하는 현상승인의 효과를 가져와 결국 첨각열도-조어도 문제의 해결에는 일본에게 유리하게 작용하는 효과가 있을 수 있으며, 그와 같이 현상을 유지하는 방식의 문제해결로 동아시아의 큰 국가 간 분쟁의 원인이 제거됨으로써 지역적인 국제 정세가 크게 안정될 가능성도 있다.

던지고, 현명한 대답을 찾기 위하여 노력하며, 그러한 대답에 대하여 한일 양국 국민 사이에서 지지가 확산될 수 있는 길을 찾아보는 것이 반드시 헛된 노력은 아니라고 믿는다.

• 참고문헌

국립국어원, 『표준국어대사전』(http://stdweb2.korean.go.kr/search/List_dic.jsp., 2012. 6. 6. 방문).

김병렬(2006), 『일본 군부의 독도침탈사』, 동북아의 평화를 위한 바른역사정립기획단.

송병기(2007), 『재정판 울릉도와 독도』, 서울: 단국대학교출판부.

元祿九年(丙子)朝鮮舟着岸一卷之覺書.

議政府外事局, 「各觀察道案」1(서울대학교 내 규장각 소장).

『조선왕조실록』숙종 30권, 22년(1696 병자 / 청 강희(康熙) 35년) 9월 25일(무인).

《대한매일신보》잡보란(1906. 5. 1, 207호).

국제연합총회 결의 1514(XV).

국제연합총회 결의 1651(XVI).

국제연합총회 결의 35/118.

국제연합총회 결의 43/47.

국제연합총회 결의 55/146.

국제연합총회 결의 65/119.

浜忠雄(2011), 「ハイチ史における植民地責任: アメリカによる軍事占領をとおして」, 『北海學園大學學園論集』제147호.

永原陽子 編(2008), 『「植民地責任」論 脫植民地化의 比較史』, 靑木書店.

前川一郎(2008), 「歷史學としての「植民地責任」」, 『創價大學人文論集』20권.

淸水正義(2010), 「「植民地責任」論をめぐって」, 『白鷗法學』17권 1호.

Black, Henry Campbell(1979), *Black's Law Dictionary*, 5th ed., St. Paul: West Publishing Co.

Ermacora, Felix(1992), "Colonies and colonial Régime," in R. Bernhardt (ed.), *Encyclopedia of Public International Law*, Volume I.

Onuma Yasuaki(2002), "Japanese War Guilt and Postwar Responsibilities of Japan," *20 Berkeley Journal of International Law* 602.
New Collegiate Dictionary(1973), Springfield: G. & C. Merriam Company.

• 찾아보기

〈ㄱ〉

가모 다케이코[鴨武彦] 46
강제노역 65
강제동원 43
강제징용피해 배상소송 67
개인의 청구권 62, 162
객관적 체제(objective regime) 56
게이 맥두걸(Gay J. McDougall) 156
경제협력금 48
경제협력방식 59
고노담화 45
공범관계 33
구조약의 실효시기 49
구체적 의무 69
국가무책임의 법리 163
국가의 외교보호권 62
국제관습법 49
국제노동기구(ILO) 155
국제법률가위원회 156
국제법적 기여 73
국제법 학계 67
국제정치 역학관계 45
군인의 은급(恩給) 15

권리남용금지원칙 71
근대화론 25

〈ㄴ〉

나세르(Nasser) 92
나치 범죄 132
나치즘 142
나카스카 아키라[中塚明] 67
남아프리카 진실화해위원회 134
내선일체(內鮮一體) 26
냉전질서 52
냉전체제 59
노예 거래를 금한 1890년의 '브뤼셀조약'
  142
노예무역 129
노예제 129
노예제의 죄 132

〈ㄷ〉

다카사키 소지[高崎宗司] 200
대동아공영권 26
대법원 강제징용피해 배상 판결 69
대세적 권리·의무 56

대세적 효과 56
대일강화조약 20, 42, 51
대일강화조약체제 43
대일청구권 61
대일청구 8개요강 57
대표권문제 53
대한민국과 일본국 간의 기본관계에 관한 조약 153
대한민국과 일본국 간의 재산 및 청구권에 관한 문제의 해결과 경제협력에 관한 협정 153
대한민국과 일본국 간의 재산 및 청구권에 관한 문제의 해결과 경제협력에 관한 협정 제3조 부작위 위헌확인 결정 68
대한민국 대법원 43
대한민국임시정부의 법통 70
대한민국 헌법의 핵심 가치 70
대한민국 헌법재판소 43
더반(Durban) 50
더반선언 44, 119
덜레스(John Foster Dulles) 17
데이비드 앤더슨(David Anderson) 136
도덕적 책임 146
도쿄재판 131
독립축하금 48
동아시아 피해국 58
동인정책(同仁政策) 28

동화정책 26

〈ㄹ〉
라디카 쿠마라스와미(Radhika Coomaraswamy) 156
라와구데 소송 146
라파엘 렘킨(Raphael Lemkin) 133
러일전쟁 199
로커비(Lockerbie) 사건 99
르완다의 내전 133
리비아·이탈리아 '우호협력조약' 84

〈ㅁ〉
마우마우(Mau Mau) 135
모든 청구권 69
모치다시론(持ち出し論) 16
무라야마 담화[村山談話] 33, 45
무라야마 도미이치[村山富市] 44, 158
무샤코지 긴히데[武者小路公秀] 50
무크타르(Omar Al-Mukhtar) 87
무효사유 49
무효시점 49
문화재 반환 15
미야모토 마사아키[宮本正明] 28
미야자와 담화 45
미일안전보장조약 51
민관공동위원회의 174

민족주의 조직　19

〈ㅂ〉

바텔(E. Vattel)의 의제　64
반인도적 불법행위　168, 173, 180
반인류적 범죄　44
반인종차별세계총회　50
반환(restitution) 청구권　20
배상금　48
배상주의　51
배상책임　43
배상(reparations) 청구권　20, 72
법규범적 정의　71
법률 제144호　63
법리론의 기술　139
베르사유조약　29
베를루스코니(Silvio Berlusconi)와 리비아　100
벵가지조약　103
분리지역(detached territory)　30
불법적인 강점(强占)　179
불법적인 식민지배　43
비독립 지역　18
BC급 전범재판　131
비준서　48
비체약국　55

〈ㅅ〉

4·19 민주이념　70
사카모토 요시카즈[坂本義和]　46
사토 에이사쿠[佐藤榮作] 내각　46
3·1운동　70
상품시장　52
샌프란시스코 강화조약　12
생제르맹조약　29
샤크 섬(Shark Island)　143
서구의 식민지주의(Western colonialism)　22
선주민권리선언　133
소관국가(所管國家)　15
소급적 처벌을 금지　142
소멸시효　163
소멸시효완성　71
소멸시효·제척기간　163
손실보상　65
손해배상청구권　173
손해배상청구권문제　65
수요집회　155
스즈키 다케오[鈴木武雄]　26
SCAPIN 1757　18
시마무라 요시노부[島村宣伸]　46
시미즈 마사요시[清水正義]　44, 194
시민운동　33
시볼드(William J. Sebald)　57

시제법　46
시혜론(施惠論)　25
식민정책학　28
식민주의 범죄(The Crime of colonialism)　50
식민지 독립부여선언　44, 191
식민지 범죄　67, 180
식민지 손해배상　117
식민지주의　33, 129, 131, 142
식민지주의의 역사　146
식민지주의의 '죄'　142
식민지 지배　11, 189
식민지 지배 부당론　34
식민지 지배 역사　129
식민지 지배의 '죄'　132
식민지 지배 정당론　33
'식민지'책임　43, 129, 154, 189, 199
'식민지책임'론　146
'식민지'책임 판결 체제　43
신의성실의 원칙　71, 172
신탁통치　14, 17
심흥택　197

〈ㅇ〉
아시아 여성기금　158
ILC 외교보호초안　64
아파르트헤이트　134

'아파르트헤이트' 시대　134
안용복　197
알치데 데 가스페리(Alcide De Gasperi)　16
역무배상　51
역사갈등　41
역사갈등의 본질적 문제　73
역사의 정립　41
역사적 과제　41
역사적 부정의(不正義)　132
역사적 사실　71
역사적 책임　146
역사화해　41
영토문제　189
영토의 분리·분할　62
오부치 게이조[小淵惠三]　160
오이겐 피셔(Eugen Fischer)　143
완전히 최종적으로 종결　69
외교보호권　162
외교적 보호권 포기　63, 71
외령통치(外領統治)　26
요시미 요시아키[吉見義明]　157
우정의 날(Friendship day)　115
운노 후쿠쥬[海野福壽]　46, 48
원심 파기 및 환송　70
위로금 사업　159
유엔 인권위원회　155

유효부당론　46
이미 원천무효(already null and void)　67
이탈리아 강화조약　12
인간의 존엄과 가치　68
인골반환 문제　143
인도에 반하는 범죄　44, 67, 129, 130, 142
인도와 평화에 반하는 범죄　50
인종주의, 인종차별, 배외주의 및 관련된 불관용에 반대하는 세계회의 (통칭 '더반회의')　129
인종주의, 인종차별, 외국인 배척과 관련 불관용에 반대하는 세계회의　44, 194
일본군성노예전범 여성국제법정　156
일본군'위안부'　65, 180
일본 외무성 종합외교정책국　45
일본의 독도 편입조치　199
일본의 잔존책임론　82
일시동인(一視同仁)　26
일제강점기　43
일제 강제징용피해배상 소송　43
일제식민지배의 불법성　72
일제의 국가총동원법　177
1899년 및 1907년의 '헤이그 육전(陸戰)조약'　142

〈ㅈ〉
자마히리야(Jamahiriyya)　85

자치령 경제　28
재식민지화　145
재외재산조사회(在外財産調査會)　26
재일한인 위안부 송신도 소송　167
재정상 및 민사상의 청구권　62, 65
전권위임장　48
전쟁 범죄　131, 146
전쟁범죄인　13
전쟁책임론　130
정의의 소명　41
정치적 문제(a political question)　165
정치적인 수사　45
제국의 논리　53
제노사이드　133, 143
제노사이드조약　133
제척기간　163
조선 점령　21
조약서명국　20
조약의 제3자적 효력　54, 55
조직적이고 지속적인 불법행위　68
존 무초(John Muccio)　18
주권면제(sovereign immunity)　165
진자이 요시타로[神西由太郎]　197

〈ㅊ〉
착취정치　25
청구권　12

청구권 및 경제협력협정　53
청구권협정　166
청구권협정에 의한 해결 항변의 배척　70
총력전체제기(總力戰體制期)　26
침략전쟁　13

〈ㅋ〉

카다피(Muammar Al Qathafi) 대위　93
카를로 스포르짜(Carlo Sforza)　16
카이로선언(Cairo Declaration)　57
캐롤라인 엘킨스(Caroline Elkins)　136
케냐·아프리카 민족동맹(KANU)　135
키레나이카(Cyrenaica)　86

〈ㅌ〉

태평양전쟁희생자유족회 소송　167
토지해방운동　135
트리폴리타니아(Tripolitania)　86
특별한 합의[特別取極]　22
특별협정　21
특수지위의 국가(Special Status Nations)　18

〈ㅍ〉

파리회의　14
페잔(Fezzen)　92
포츠담선언(Potsdam Declaration)　57

폭력과 탐욕으로 약탈　57, 72
프레아 비헤어(Preah Vihear) 사원 사건　195
피고인 적격문제　71

〈ㅎ〉

하시모토 류타로[橋本龍太郎]　158
한국 병합　19
한국의 대법원　154
한국의 헌법재판소　154
한국정신대문제대책협의회　155
한일교섭　11
한일기본관계조약　49
한일병합조약체제　43
한일 우호관계　200
한일재산청구권　29
한일조약체제　33, 42
한일지식인 '한일병합조약 원천무효' 공동성명　66
한일청구권경제협력협정　29
한일 청구권협정　173
한일협정　42
한일협정 50년 체제　43
한일협정체제　43
할양지(割讓地)　15, 24
할양지에 관한 경제재정 사정의 처리　25
헌법상의 기본권 침해　68

헌법소원 67
헤레로·나마 142
헤레로·나마의 소송 141
홀로코스트 134

화이트 테러(White Terror) 137
황민화(皇民化)운동 26
흑인차별법 132

한일협정 50년사의 재조명 II
– 한일협정체제와 '식민지'책임의 재조명 –

초판 1쇄 인쇄 2012년 12월 3일
초판 1쇄 발행 2012년 12월 10일

지은이 오타 오사무 · 도시환 · 이장희 · 나가하라 요코 · 김창록 · 박배근
펴낸이 김학준
펴낸곳 동북아역사재단

등록 제312-2004-050호(2004년 10월 18일)
주소 서울시 서대문구 통일로 81(미근동 267) 임광빌딩
전화 02-2012-6065
팩스 02-2012-6189
e-mail book@nahf.or.kr

ⓒ 동북아역사재단, 2012

ISBN 978-89-6187-290-4 94910
   978-89-6187-279-9 (세트)

* 이 책의 출판권 및 저작권은 동북아역사재단이 가지고 있습니다.
  저작권법에 의해 보호를 받는 저작물이므로 어떤 형태나 어떤 방법으로도
  무단전재와 무단복제를 금합니다.
* 책값은 뒤표지에 있습니다. 잘못된 책은 바꾸어 드립니다.